高校学前教育专业人才培养内部质量保障体系建设研究

崔玉芹 ◎ 著

吉林出版集团股份有限公司

版权所有　侵权必究

图书在版编目（CIP）数据

高校学前教育专业人才培养内部质量保障体系建设研究 / 崔玉芹著. — 长春：吉林出版集团股份有限公司，2023.6

ISBN 978-7-5731-3550-6

Ⅰ．①高⋯　Ⅱ．①崔⋯　Ⅲ．①高等学校－学前教育－人才培养－研究－中国　Ⅳ．①G61

中国国家版本馆CIP数据核字（2023）第112004号

高校学前教育专业人才培养内部质量保障体系建设研究

GAOXIAO XUEQIAN JIAOYU ZHUANYE RENCAI PEIYANG NEIBU ZHILIANG BAOZHANG TIXI JIANSHE YANJIU

著　　者	崔玉芹
出版策划	崔文辉
责任编辑	刘　洋
封面设计	文　一
出　　版	吉林出版集团股份有限公司
	（长春市福祉大路5788号，邮政编码：130118）
发　　行	吉林出版集团译文图书经营有限公司
	(http://shop34896900.taobao.com)
电　　话	总编办：0431-81629909　营销部：0431-81629880/81629900
印　　刷	廊坊市广阳区九洲印刷厂
开　　本	787mm×1092mm　1/16
字　　数	244千字
印　　张	11.5
版　　次	2023年6月第1版
印　　次	2023年6月第1次印刷
书　　号	ISBN 978-7-5731-3550-6
定　　价	78.00元

如发现印装质量问题，影响阅读，请与印刷厂联系调换。电话0316-2803040

前　言

在我国学前教育领域中，高校学前教育毕业生是主力军。为适应社会新形势，就要以学前教育产业和人才需求为主要依托，以国家相关文件为引导，构建高校学前教育专业人才培养内部质量保障体系。教育质量是衡量学校办学水平的主要标准，要建立教学质量保障体系，就要从不同方面进行测评。就现状来看，我国高校学前教育专业面临着很多困难因素，这些因素会给教育带来一定的影响。在进行高校学前教育专业人才培养内部质量保障体系建设中，要落实教学质量的监控和测评模式，要满足社会对学前教育人才的需求。学前教育是公共教育事业，发展学前教育不仅有助于提升国民整体素质，还可以促进社会民主文明的进步。建立学前教育质量保障体系是提升我国学前教育质量的必由之路。为进一步加强本科院校学前教育专业教学质量监控长效机制，促进院校学前教育专业可持续发展，就要建立专业评课制度以及评价反馈制度等，保证工作制度的落实。在实现常态化监督中，学校及监督部门要做好学前教育专业质量监控，要对不同学期的教学效果进行检查，从而更好地了解目前院校学前教育专业发展现状。构建科学的高校人才培养质量内部保障体系是确保本科院校人才质量的基础工程，按照内外部保障体系的培养规律，做好整体人才培养质量内部保障构建探讨，将相关内容有效应用，能够更好地提升院校学前教育的专业竞争力。

目　录

第一章　学前教育概述 …………………………………………………… 1
第一节　学前教育概念的界定 ………………………………………… 1
第二节　学前教育的基本要素 ………………………………………… 7
第三节　学前教育与社会发展 ………………………………………… 19
第四节　学前教育与儿童发展 ………………………………………… 23

第二章　高校学前教育培养模式的理论评析 …………………………… 30
第一节　专业发展理论 ………………………………………………… 30
第二节　实践性理论 …………………………………………………… 38
第三节　一体化理论 …………………………………………………… 40
第四节　幼儿教师的实践性知识观 …………………………………… 45
第五节　职业能力形成 ………………………………………………… 51

第三章　学前教育专业教师职业能力分析 ……………………………… 58
第一节　职业能力形成模型分析 ……………………………………… 58
第二节　教师专业能力的模型与结构分析 …………………………… 64

第四章　学前教育专业人才培养的现实与挑战 ………………………… 76
第一节　学前教育事业发展与幼儿教师需求 ………………………… 76
第二节　当前学前教育专业人才培养的现实 ………………………… 94
第三节　当前学前教育专业人才培养的挑战 ………………………… 97

第五章　学前教育专业培养目标的改革 ………………………………… 101
第一节　学前教育专业改革的背景 …………………………………… 101
第二节　学前教育专业改革的依据 …………………………………… 110
第三节　学前教育专业的培养目标与规格 …………………………… 116

第六章　本科型院校学前教育专业教学质量保障体系的建构分析 …… 122
第一节　培养专业的学前教育人才 …………………………………… 122

  第二节 改革学前教育教学方法…………………………………133
  第三节 强化实践教学组织和管理………………………………143
  第四节 改革学生的评价方式……………………………………152
  第五节 研究性教育实践…………………………………………158
  第六节 整体性教育实践…………………………………………169
第六章 总结…………………………………………………………………175
参考文献……………………………………………………………………………176

第一章 学前教育概述

第一节 学前教育概念的界定

一、教育与学前教育

(一) 什么是教育

教育是指对人(受教育者)传授知识经验、训练技能技巧、培养能力及良好习惯、塑造人格的一种社会活动。首先,教育是人类文化得以传承的主要途径,它贯穿于人类发展的整个历程。其次,教育是新生一代成长和人类社会延续的必要手段,人类世世代代繁衍生息,新一代人的成长和发展离不开教育。再次,教育是人类的一种基本活动,没有教育,人类社会就难以延续和发展。最后,教育形式具有多样性,我们在生活中可以发现,教育涵盖的范围是极其广泛的,家长养育孩子是教育,教师在学校教学生也是教育,广播电视向社会宣传也可称为教育,还有如社会教育、思想教育、职业教育等。为了区分这些教育的含义,学者们就把教育分为广义的教育和狭义的教育两种。

1. 广义的教育

教育是有目的、有计划、有组织地对人的身心施加影响,并促进人向社会要求的方向发展的一种社会实践活动。从广义上来说,凡是能发展人们的体力与智力、增进人们的知识技能、影响人们思想品德的活动,无论它是有组织的还是无组织的,有计划的还是偶然的,自觉的还是自发的,来自社会、家庭还是学校的,它的任务就是把原本作为自然人而降生的孩子培养成合格的社会成员,使人不断社会化。这里的教育包括了家庭教育、社会教育和学校教育,范围很广,并且教育的方法和手段也是呈现了多样化。

2. 狭义的教育

与广义的教育相对的就是狭义的教育。狭义的教育指的是教育根据社会的要求，有目的、有计划、有组织地传授知识技能、培养思想品德、发展体力和智力的活动，使受教育者发生预期的变化，成为社会所预期的人。具体地说，受教育者主要在专门设置的教育机构中接受教育，如托儿所、幼儿园、小学、中学和大学教育以及其他人们为了某种目的而特别组织的教育机构。在专门的教育机构中，有专职的教师，他们根据社会的要求，对受教育者进行有目的、有计划、有组织、有系统的教育和培养，使受教育者在思想品德、知识技能、智力和身体方面向预期的方向发展，成为社会所需要的人。可以说，学校教育是一种专门的和规范的教育，一般有较高的效率和更好的效果；而家庭教育和社会教育，对人的影响则较零散，其结果也具有偶然性和不确定性。由于学校教育具有独特的结构和功能，因而在近现代成为人类社会教育活动的核心部分，对其他各种教育起着示范和主导作用。

教育要服务于一定的社会政治和经济需求，必须按一定的教育目的来进行。社会制度不同，教育目的也随之变化，如中国古代为培养统治阶层的官吏和行政人员而设置的各种私塾、书院、太学等，就是要培养能服务于统治阶级的、有一定文化知识的人。教育和社会发展之间是相互影响的关系，教育的发展离不开社会政治、经济、文化条件，教育又反过来影响社会各方面的发展。目前，我国教育要为社会主义现代化建设，为国家的繁荣昌盛培养人才，而我国的社会主义建设和国家的繁荣昌盛又必须依靠教育培养人才。社会不断地发展变化，教育工作就需要不断地进行调整、变革，才能跟上时代的步伐，适应并促进社会的发展。

（二）什么是学前教育

要明确什么是学前教育，我们必须先要明确人的年龄特点和年龄划分。人一生按年龄可分为若干阶段，不同的年龄阶段有不同特征、不同的发展需要。因此，要适合不同年龄阶段的人，教育必须分阶段进行。学前教育主要指对0～6岁年龄阶段的儿童所实施的教育，学前教育包括0～3岁的早期教育和3～6岁的学前教育，随后与初等教育衔接，是一个人教育与发展的重要而特殊的阶段。

1. 广义的学前教育

学前教育也有广义和狭义之分，从广义上说，凡是能够影响和促进儿童身体成长和认知、情感、意志、性格和行为等方面发展的活动，如儿童在成人的指导下看电视、做家务、参加社会活动等，都可以说是教育。

2.狭义的学前教育

狭义的学前教育则是指学前教育工作者整合儿童周围的资源，对0～6岁年龄阶段儿童的发展施以有目的、有计划、有系统的影响活动。学前教育可以细分为早期教育（0～3岁）和学前教育（3～6岁），两者既相互联系，又各具特点。早期教育主要由教育工作者指导家长在家庭中实施，同时还可在亲子园等早教机构中开展亲子活动予以配合。3～6岁学前教育是在幼儿园中实施。幼儿园教育在我国属于学校教育系统，和学校教育一样，是在学前机构中进行的，教育也具有家庭教育和社会教育所没有的优点，如目的性、组织性、计划性和系统性等。国家颁布的《幼儿园工作规程》明确指出"幼儿园是对3周岁以上学龄前幼儿实施保育和教育的机构，是基础教育的有机组成部分，是学校教育制度的基础阶段"。

二、学前教育的产生和发展

（一）学前教育的产生

世界上第一个幼儿园于1837年，在德国布兰肯堡建立，专门招收3～7岁的儿童，1840年取名为幼儿园，建立这所幼儿园的是世界著名的幼儿教育家福禄培尔，他被誉为"幼儿园之父"。

（二）学前教育的发展

1.我国学前教育的发展

（1）我国第一所学前教育机构的诞生。

我国创办的第一所学前教育是1903年9月（清光绪二十九年八月）在湖北武昌创办的湖北幼稚园，湖北巡抚端方在武昌寻常小学堂内创办了这所幼稚园，聘请了户野美知慧等三名日本保姆负责经办，由户野美知慧任园长，并拟定了《湖北幼稚园开办章程》，首开了中国儿童公共教育的历史先河。幼稚园规定招收5～6岁的儿童80名，学制1年。收托时间为每日3小时。科目设有行仪、训话、幼稚园语、日语、手技、唱歌、游戏七项。1904年元月，清政府颁布《奏定学堂章程》，更名为武昌蒙养院。

1907年，福建公立幼稚园、上海公立幼稚园相继开设；1911年，湖北省女子师范学校也创办了附属蒙养院；随之北京、湖南、江苏等地的蒙养院也相继诞生。

（2）民国时期高校学前教育及其发展状况。

民国时期，中国共产党领导下的农村革命根据地、抗日民主根据地和解放区里，出现了一批适应战争环境和当地政治经济特点的各种类型的托幼组织，如边区儿童保育院和托儿所等，其宗旨是为革命战争服务、为生产建设服务、为广大工农群众服务。

在国民政府统治地区，也出现了一批学前教育家，如陶行知、陈鹤琴、张宗麟、张雪门等，他们批判封建主义的儿童教育，反对儿童教育的奴化和贵族化，积极提倡变革并躬行实践，创办了为平民子女服务的幼儿园。如陶行知先生的"乡村儿童团"、张雪门先生的"北平香山慈幼院"等就是这样的机构。

（3）中华人民共和国学前教育及其发展状况。

1949年10月，中华人民共和国成立。国家从帝国主义手里彻底收回了教育权，学前教育也以解放区教育经验为基础，借鉴苏联经验，进行了整顿、改造和发展。在办园方向上，旧式幼儿园逐渐转为向工农子女开门，为国家建设服务，让普通劳动人民的子女成为幼儿园的受教育者。幼儿园在教育儿童的同时，极大地解放了妇女劳动力，成为支援国家建设、为工农服务不可缺少的一支力量。从此，保育教育儿童、方便家长参加社会主义建设成为我国幼儿园的双重任务。在教育思想上，新中国自儿童教育改革旧的教育思想、内容和方法，批判旧教育中存在的封建、买办、崇洋的思想，废除了宗教色彩的内容与活动，学习当时苏联先进的儿童教育理论和经验，为建立新教育打下了基础。在教育目标上，提出新中国的幼儿园要遵循党的教育方针，对儿童进行初步的体、智、德、美全面发展的教育，使他们的身心"在入小学前获得健全的发育"。在这一目标的指导下，幼儿园具体的教养目标、各年龄段的教育任务等也都重新进行了规定。

随着我国社会主义建设的深入，学前教育虽然有起有伏，但总体是向前发展的。幼儿园数量大增，1965年的幼儿园数量比1950年增加了10倍，幼儿园教师队伍也基本建立起来；幼儿园教育的各项规章制度大体确立，一个社会主义学前教育的新体系基本形成。不过在发展中因为经验不足，也走过不少弯路。如学习苏联经验时，犯了生搬硬套的错误；批判旧教育思想时，把合理的部分也一起否定了；1958年"大跃进"中急躁冒进，盲目发展幼儿园，造成大起大落。"文化大革命"中，我国学前教育遭到了严重的破坏。

1978年，党的十一届三中全会召开，我国社会主义建设进入了崭新的历史阶段。随着改革开放的推进，学前教育的发展出现了重大变化，改变了计划经济下的单一办园模式，路子越走越宽，入园儿童大大增加。其发展趋势是：由国家、企业、机关办园，转向各种社会力量办园；农村儿童入园率不断提高，据1992年的统计，农村学前班儿童数已占儿童入园人数的60.7%；灵活多样的非正规儿童教育形式的作用日益增大，如近几年在河北、内蒙古、甘肃、贵州等省区出现的儿童活动站、游戏小组、巡回辅导班、草原流动幼儿园、"大篷车"流动服务组等，在动员家庭、社区、传播媒介参与儿童教育上，显示出越来越强的生命力。

2. 世界学前教育的发展

进入20世纪以后，随着现代社会生产力的飞速发展，特别是科学技术的发展，人类文明被推向了一个高峰。与此同时，由于全球一体化进程的加剧，世界变得越来越小，因此，世界性的竞争加剧。各国为了培养精英，普遍重视学前教育。学前教育的社会价值和教育价值开始为全社会所公认，从而学前教育得到了前所未有的发展。纵观过去的幼教发展历史，我们可以看出，学前教育的发展呈现了以下几个方面的特征：

（1）学前教育规模扩大化

生产力的发展促使现代物质文明高度发展，社会有能力创办更多的学前教育，幼儿园数量增加很快。特别是第二次世界大战之后，随着生产力的发展，尤其是科学技术被广泛地运用到生产中，这一趋势改变了社会对劳动力素质的要求。发达国家普遍重视学前教育，如法国、德国、日本、英国、美国、苏联等发达国家的幼儿园普及很快，入园率都在90%以上。此外，由于世界各国经济水平、教育政策、文化传统、生活习惯等的不同，儿童入园率差别较大，幼儿园发展速度、规模、教育质量也各不相同。

（2）学前教育的多样化

在社会飞速发展的过程中，为适应普及学前教育的需要，为满足现代社会家长的各种需求，学前教育越来越多样化。由私人、国家、团体、企业、教会等开办了各种托幼机构，在结构、规模、教育目的、教育方法、教育内容等方面各不相同，各有特色，相互竞争，促进了学前教育向着形式多样化、功能多样化、组织多样化、教育多样化的方向发展。如除了全日制、半日制的机构之外，还有许多入托时间灵活机动的学前教育，美国的"假日儿童中心""蹦蹦跳跳室"，英国的"游戏小组"，苏联的"露天幼儿园"等都是这种适应性很强的机构；办园目的也五花八门，有实验性的、示范性的、家教性的、病残儿童诊断治疗的、训练某种技能的等。各派学前教育理论百花齐放,有不同教育主张的高校学前教育,如福禄培尔式、蒙台梭利式、皮亚杰式的幼儿园等纷纷出现。

（3）师资质量和教育质量的提高

这是学前教育发展的重要标志。由于教师水平的提高是高质量教育的重要条件,因此,师资质量就成为教育质量提高的重要标志。20世纪中叶,世界各国都将学前教育师资提高到了大专以上水平,并实行专门的教师资格、聘任、考核、进修及福利制度。这些国家越来越重视学前教育师资的专业化发展。同时,随着教育思想的广泛传播,教师的教育价值观、儿童观都取得了进步。尊重儿童,保障儿童权利,让儿童全面发展已经成为世界儿童教育工作者的共识。这一切使学前教育质量的提高有了根本保证。

（4）学前教育的手段不断现代化

随着社会的高速发展,学前教育中运用了大量的现代化教学手段,社会经济的发展为学前教育运用先进的教育手段提供了坚实的物质基础；科学技术的发展为学前教育运用先进的教育手段提供了技术上的可能。如幻灯、录音、录像、广播、电视、电影、电子计算机,尤其是网络的普及促使了学前教育手段的发展。为学前儿童提供了丰富多样的刺激,符合他们的年龄特征和认知特点,有利于儿童的身心发展。

三、我国学前教育制度的发展

（一）我国近代的学前教育制度

随着我国近代教育制度的产生,蒙养院成为最初的学前教育,它是同新的学校体系同时产生的。

1932年,民国教育部公布了《幼稚园课程标准》,1936年7月进一步修订。它的颁布标志着中国学前教育向制度化和现代教育转化。

（二）我国学前教育制度的发展

新中国成立后,新中国的学前教育取得了骄人的成绩,然而在"文化大革命"时期学前教育受到了重创。"文革"结束后,为恢复和发展儿童教育,首先恢复建立了从中央到地方的各级儿童教育领导机构。其次,教育部制定颁发了一系列拨乱反正的文件,特别是《幼儿园工作规程》(简称《规程》)在总结我国幼儿园教育已有成果的基础上,进一步拉开了改革的帷幕。它不仅明确地规定了幼儿园的保教目标、任务，而且用专门的章节对幼儿园教育从原则到活动的组织、教育的形式、方法等做了规定。《规程》中充分体现了正确的教育观、儿童观，十分重视儿童的身心发展规律和特点以及幼儿园教育工作的规律。还有《幼儿园管理条例》（简称《条例》）是新中国成立以来，经国务院批准颁发的第一个学前教育法规。该条例用法规的形式规定了幼儿园的任务、管理以及保育教育工作，并明确了各级地方政府在幼儿园的发展、管理等方面的责任，使我国学前教育管理从此跨入了法制化轨道。再有《幼儿园教育指导纲要（试行）》（简称新《纲要》），它就《规程》中有关"幼儿园的教育"这部分内容做出了更为具体的规定，在《规程》与教育实践之间架起了桥梁。这些法规的颁布与实施，进一步推动了我国学前教育科学化、规范化的进程。

第二节　学前教育的基本要素

构成学前教育的因素主要包括：学前儿童、教师、教育内容以及教育环境。学前儿童在教育活动中承担学习的责任，是接受教育的人。学前儿童在教育过程中是学习的主体；教师与学前儿童在教育过程中发生着十分复杂的互动关系，凡是对受教育者施加教育影响的人以及对教育活动承担教育责任的人都属于教育者，教育者在教育过程中处于领导、控制及执教的地位，是教育活动的主导者；教育内容是指教育活动中的载体，体现在一日生活的各个环节中；学前教育环境是指学前教育的物质资源，有场所、设备、器材、教具、学具材料等，是现代学前教育必须具有的教育手段。以上教育的四要素是教育活动必不可少的，这些要素在教育过程中又是相互作用、相互影响地发挥各自的功能，具体如下。

一、学前儿童

学前儿童是构成学前教育的核心要素，是在各种教育活动中从事游戏和活动的主体，也是构成交流活动的基本要素。

（一）儿童是独立的人

1. 儿童是自身权利的主体

儿童虽然年龄小，但他们和成人一样都是社会的公民，具有独立的社会地位，依法享受各项社会权利，应该得到全社会的关爱和保护。如今，世界各国都非常重视保护儿童权利。为了将保护儿童的权利落到实处，1959年，联合国第14届大会通过了历史上第一个关于保护儿童权利的国际性公约———《儿童权利宣言》。1989年，联合国第44届大会进一步通过了《儿童权利公约》(简称《公约》)，《公约》指出，18岁以下的任何人，不仅仅是被保护的对象，而且是积极和创造性的权利主体，拥有包括生存、发展和充分参与社会、文化、教育生活以及他们个人成长与福利所必需的其他活动的权利。联合国儿童权利委员会副主席汉姆柏格对此解释说：过去人们关心儿童的基点是使脆弱的儿童免受伤害，人们还没有普遍认识到儿童有自己的能力、观点和想法，应该像所有的人一样受到尊重。为此，汉姆柏格又提出了四个原则：儿童最佳利益原则、尊重儿童尊严的原则、尊重儿童的观点和意见的原则、无歧视原则。

我国作为《公约》的缔约国之一，在履行《公约》的同时，在相关法规中也对儿童的权利及其保护做出了明确规定，如《中华人民共和国宪法》第49条规定："父母有抚养未成年子女的义务。"《中华人民共和国义务教育法》第4条规定："国家、社会、学校和家庭依法保障适龄儿童、少年接受义务教育的权利。"根据《公约》和《中华人民共和国未成年人保护法》，我国儿童应享有受教育权，生命权，身体权，健康权，身体自由权和内心自由权，肖像权，名誉权，隐私权，财产受到管理、保护权，独立财产权，生活获得照顾权，民事活动代理权，休息娱乐权，获得良好的校园环境权，拒绝乱收费的权利，拒绝不合理劳动权。每个儿童都是独立的生命实体，具有独立的人格，儿童与成人在人格上是平等的，教育应该是儿童与成人之间的对话，我们必须把儿童看作是具有独立价值的生命存在，学会尊重儿童。

2. 儿童是自身学习的主体

儿童的发展，除了受客观因素，如遗传、环境和教育等因素影响外，还取决于其自身的能动性。这是决定儿童发展方向与发展水平的又一个不可忽视的因素。人既是认识的主体，又是实践的主体，具有主观能动性。儿童的主观能动性包括儿童的独立性、积极性、自主性和创造性。儿童的发展，自始至终都是一种主体的自我调节活动。在教育过程中，儿童不是被动的加工对象，而是学习和发展的主体。任何教育影响必须经过儿童主体的主动吸收、转化才能生效。儿童的主体性是可以培养的，因此，教师不能把自己的意愿强加给儿童，他们只能创设激发儿童兴趣的活动情景，尊重儿童的认知规律，引导儿童主动发展。发展儿童主体性，进行主体性教育，已成为当代教育的一个主旋律。在学前教育实践中，教师应该尊重儿童的感受，尊重儿童的选择，鼓励儿童的创造。

儿童在发展过程中，不是消极被动地接受外部环境的影响，而是积极主动的学习者，他们对环境的刺激有较强的选择性，并表现出作为独立的生命体所具有的能动性。因此，同样的环境对于不同的儿童可以产生不同的影响，不同的儿童在同样的环境中表现出巨大的个体差异性，发展水平也存在着很大的差异。另外，从儿童的心理发展来看，儿童认识外界是儿童内部的主动活动过程。没有儿童自身能动性的体现，其他因素的作用也难以完全得到实现。

（二）儿童的个体差异和独特性

1. 个体差异性

每个儿童都是一个独立的、完整的个体，他和其他儿童在各个方面都存在着差异。这些差异体现在以下几个方面：首先，先天的遗传素质方面每个儿童是有差异的；其次，每个儿童在生活环境方面有其差异性；最后，家庭的教养方式也是有差异的。以上三个方面的基本差异，可导致儿童在性格、气质、优势智力、生活习惯等多方面的差异。因此，作为教师应当认识到儿童的个体差异，尊重儿童的个体差异，这样才能做到因材施教，保证每一个儿童充分发展。

2. 独特性

儿童是正在发展中的独特的人，成人在教育儿童时必须尊重儿童的年龄特点，不能把他们看成是微缩的成人。儿童身心发展具有自己的特殊规律，成人必须尊重这个规律，并及时把这个规律作为教育的契机，抓住儿童身心、社会性发展的关键期。任何教育，如果与儿童身心发展规律对抗，对儿童来说是不道德的，也亵渎了教育本身。成人与儿童处于两个不同的发展层面、具有不同的发展特点、存在着不同的发展潜力。因此，成人必须了解儿童的发展、理解儿童的发展规律、善待儿童，从而更好地教育儿童。在儿童观发展的历史长河中，有多种儿童地位与权益观，儿童身心发展观具有时代特征。社会在发展，人类在进步，儿童身心发展总会打下时代烙印，表现出时代特征。但无论如何，我们必须把儿童视为有自身特点的独特个体。

（三）儿童是整体发展的个体

1. 发展性

学前儿童是具有巨大发展潜力的个体，他们的身心发展蕴藏着极大的可能性。儿童的发展，是指儿童在成长的过程中，身体、心理及社会性方面有规律地进行量变与质变的过程。其中身体的发展，是指儿童机体的正常生长和发育；心理的发展，是指儿童的认识过程、情感、意志和个性的发展；社会性的发展，是指儿童逐渐被社会化，由一个生物的个体向社会的个体不断转化。

儿童身心各方面的发展是相互影响、相互制约的。对学前儿童来说，其身体的发展、心理的发展及社会性的发展是密切相关的。儿童年龄越小，其身体、心理和社会性发展之间的相互影响也就越大。儿童的发展受诸多因素的影响，具体来说，有先天的和后天的因素，有生物的和社会的因素，有生理的和心理的因素，有物质的和精神的因素。这些因素都会对儿童的发展产生不同的作用。

2. 整体性

儿童是完整的个体，是有自己思想、情感、个性的完整的人。从心理学的角度来说，儿童在认知、情感、意志及个性方面都需要得到全面发展。从社会学的角度来说，儿童具有独立完整的社会地位。他一出生，就是社会的成员，享有社会赋予他的各种权利。随着年龄的增长，儿童也要承担一定的义务，因此，儿童是完整的社会人。从发展的角度来说，儿童应当在体、智、德、美、劳等各方面得到充分的发展，任何一方面都不能偏废。

二、教师

教育是伴随着人类诞生而出现的社会现象，教育是与人类共始终的社会实践活动，但在原始社会还没有专门的学校教育和教师职业。人类进入奴隶社会后，出现了文字和学校，脑力劳动和体力劳动的分工也有了发展。在奴隶社会初期，掌管文化的主要是国家官吏和巫师，他们从事专门的文化整理、研究和教学，也在政府担任一定的官职。在封建社会，随着学校结构的复杂和规模的扩大，教师职业开始向专门化方向发展。

随着近代科技和工业的发展以及科学技术在生产中的广泛应用，不但需要培养有文化懂技术的劳动者，而且需要培养大批有创新能力的科学技术专家。这时不但普及初等义务教育，而且中等和高等教育都有了迅速发展。随着教育结构更趋复杂和教育规模更趋扩大，专门培养教师的初等师范、中等师范和高等师范教育应运而生，教师职业更趋专门化和专业化。

随着知识经济的到来，高技术产业将成为经济部门的主导产业，传统产业也将高技术化。科技创新是发展高技术产业的基础，培养高质量的有创新能力的科学技术专家，就成为知识经济发展的关键。这就必须大力发展教育和提高教师素质。知识经济时代，科学技术加速发展，知识更新不断加快。因此，人类将进入学习型社会，成人教育、继续教育将不断发展。这就必将造成教师职业的进一步扩大，教师质量的进一步提高。

学前教育教师职业与其他教师职业一样，是培养人、造就合格社会成员的职业。随着社会现代化的进程，很多大众传播媒介如广播、录音、电视、录像、电脑等进入了学前教育，成为教师教育教学活动的补充形式，引导着传统教育的革新，大大提高了教育效果。但是它至多只是对幼儿教育手段的补充、加强和丰富。儿童的成长离不开教师主体的直接影响，教师本人的作用是儿童成长不可缺少的阳光，教师的言传身教所起的感化、陶冶作用是任何先进的教学仪器都替代不了的。先进的大众传播媒介只能为教师的教育教学服务，但它永远不能替代教师的育人职能。而且，随着教育科学的不断发展，教师的专业化程度将越来越高。

学前儿童专业教师遵循着国家的教育目的，以最适合学前儿童的方式，促进他们身体、认知、情感和社会性等方面的和谐发展，对于社会的人才培养起着重大的奠基作用，是"太阳底下最崇高的职业"。随着我国实施"科教兴国""推进素质教育"战略和《中华人民共和国教育法》《中华人民共和国教师法》等的相继出台，随着人们对儿童教育在社会发展中的作用的认识不断提高，教师越来越受到社会的尊重。

（一）学前儿童教育专业教师的职业劳动特点

1. 劳动的全面性和综合性

学前儿童教育专业教师劳动的全面性和综合性，首先是由儿童教育任务和教育过程的全面性和综合性决定的。学前教育任务是为儿童德、智、体、美等全面发展奠定初步基础，教育任务的实现过程是一个系统工程。教育要在有限的时间里通过多种因素的协同作用，完成一项综合性任务，这个过程必然要求教师考虑到每一个方面的因素。其次，儿童的成长因素是多方面的，它包括遗传、环境、教育与人的自觉能动性因素，哪一方面受到忽视，都可能给儿童成长带来损失。

最后，教师劳动的全面性和综合性是由儿童的年龄特点所决定的，儿童生长发育是迅速的，但身体各器官及机能比较稚嫩、发育不完善，对外界的适应能力和对疾病的抵抗力较差，易受损伤、易感染疾病。这就促使学前教育专业教师在做好教育教学工作的同时，做好管理和卫生保健工作，让儿童学得好，玩、吃、睡得好，使其身心得到全面健康的发展。因此，学前教育教师的工作任务是全面性的、综合性的。

2. 劳动的创造性

首先，学前教育，其教师劳动的创造性是由这一阶段儿童的年龄特点和个体差异性导致的。学前儿童处于发展的最迅速时期，但又难以接受文字学习，学前教育没有教材，其教育方案均靠教师根据儿童发展的现实情况和当地情况来设计和实施，这比之中小学教育有现成的教材，更需要创造性。同时学前儿童有不同的个性特点，每个儿童都有自己成长的环境和条件。在儿童发展过程中无论从表现方式上、发展速度上，还是在发展的结构方面都体现出个别差异性。所以，教师在实施教育教学的过程中，必须因人而异，寻找适合每个儿童的教育方案，根据儿童的思想状况、发展水平及变化不断进行调整，以有效的教育内容、方法和形式，进行因材施教，使儿童在各自的基础上得到最大限度的发展。

其次，学前教育教师的劳动要有创造性是时代的要求。现代科技发展迅猛，知识更新十分迅速。教师在引导儿童掌握基础知识和技能时，应当融进最新的现代知识，使儿童对学到的知识有新鲜感、时代感，这也需要教师的创造性。同时，现代教育提倡创新教育，教师要培养儿童的创新意识和创新能力。这就需要教师设计创造性的活动，以培养儿童的创造需要、创造品格、创造思维能力，因而教师劳动的创造性是一个突出的职业特点。就知识的传授来说，教师不是把科学家发现和概括出来的知识简单地传授给学前儿童，而是必须对知识进行加工，使知识易于为儿童理解和接受。

再次，儿童的发展变化性决定了学前教育教师劳动的创造性。教师面临的教育对象是经常变化的，每个儿童都有自己的成长条件，都有不同的个性特征。更重要的是他们的身心及社会性处在快速的发展过程中，带有极大的可塑性。这样，教师所面临的教育现场就是复杂的，需要教师进行创造性劳动。

最后，教育过程要培养儿童的创造性，这更需要教师设计创造性的活动，以培养儿童的创造需要、创造品格、创造思维能力。

3. 劳动的示范性

学前教育教师劳动的示范性首先是由教育内容、方法和手段的主体化及其与教育结果的一致性决定的。教育过程是教师通过实施教育影响培养人的。教师首先通过自己的理解把教育内容融会贯通，把其中包含的知识、技能、世界观和思想感情转化为自己的东西，并在了解儿童知识水平和心理状况的基础上进行加工，并借助一定的教学手段、通过言传身教为儿童所掌握。这里，教育内容方法和手段都经历了一个主体化的过程。教育结果即是儿童身上获得的知识、技能、能力、世界观和思想感情等，也都包含在教师主体及其活动中，二者具有一致性。所以，与其说教师是用教育活动、教学方法和教学手段教儿童，不如说是用自己的知识、技能、能力、世界观和思想感情去影响儿童，是用教师的人格去感染儿童。教师劳动的示范性也是由人的认识过程和心理过程的特点决定的。人对知识的掌握和心理的发展都是以感性活动为基础的，具体的现实的事物最容易在心理中引起反映。教师以自己的语言、形象、活动和激情表现知识内涵，能帮助儿童达到对知识内涵的把握，并留下深刻印象。教师劳动的示范性也是由儿童的心理特征决定的。儿童富于模仿性和易受暗示，他们把教师看作知识的化身、高尚人格的代表，是天然的模仿对象。教师的思想行为、求知精神、科学态度、思维方式都对儿童起着示范作用。学前教育教师的劳动同其他劳动一样，要利用和通过一定的工具或手段来进行。但是，教师在工作中对劳动对象施加影响的工具或手段，不同于一般的劳动机器或农具，主要是教师本人的教育思想、学识和品行。不管教师是否能意识到这一点，自觉还是不自觉，教师的一举一动无时无刻不在向儿童进行示范。教师的人格是教育的重要组成部分，教师的言谈举止、音容笑貌，无不在熏陶着儿童。可见，儿童会毫不怀疑地接受教师的言行，儿童的身上常会反映出教师的某些个性品质。可以说，教师劳动的效果取决于其自身的发展水平，教师只有不断学习，提高修养，完善自我，才能成为儿童的表率。正如俄罗斯的教育家乌申斯基所说："只有人格才能影响人格的发展和形成，只有性格才能影响性格。"

4. 劳动的长期性

不仅人的成长的各个阶段需要很长的时间，就是一个基本观点的形成或某个思想品德的提高也需要很长时间，并且往往需要多次反复才能趋于成熟。教师劳动的长期性的一个重要表现，就是劳动的效果需要很长时间才能得到检验。一个人在每个阶段成长都能使教育效果得到某种检验，但人才成长和教育效果最终要在参加独立的社会实践后才能得到检验。这种劳动的长期性，既表现为后效性，又表现为长效性，即人才成长和教育效果在人的一生中都将发挥作用。

相对而言，在物质生产中，随着劳动产品的获得，劳动过程也就完成了，而教师的劳动则完全不同。教育的产品是人，培养人是一个长期过程。正如中国古代思想家管仲所说："一年之计，莫如树谷；十年之计，莫如树木；终身之计，莫如树人。"一个人能够成才，需要幼儿园、小学、中学、大学等各个教育阶段教育者共同的集体劳动，学前教育教师从事的是人才培养的奠基工作。教师对儿童的影响是极其深刻的，甚至会影响儿童的一生。教师劳动的长期性，要求教师有高瞻远瞩的精神和战略的眼光。今天的儿童是明天的希望，是祖国现代化建设各条战线上的主力军。因此，一个学前教育教师所关心的不仅是孩子当前的发展，而且是他们的未来、他们的一生，并要为此付出自己全部的心血和精力。

（二）学前儿童教育专业教师的职业角色特点

1. 教师是儿童一日生活的支持者、引导者和组织者

首先，在学前教育活动中，教师是一个支持者。教师更多的应以游戏伙伴的身份进入儿童的活动，成为活动的支持者，这样才能保证孩子在一日生活中顺利地按照自己的意愿去发展。其次，教师是一个引导者，他既要顺应儿童的探索需求，又要在不断整合、提升儿童经验的过程中，有效地引导儿童的发展，积极发挥教师的主导作用。最后，教师是组织者，当儿童在一日生活中遇到困难需要帮助时，教师组织儿童共同探讨，使更多的儿童共同参与和思考，让孩子在教师组织的各种活动中自主发展。

2. 教师是儿童社会沟通的中介者

儿童进入学前教育，就是进入了第一个除家庭之外的社会环境。在这个环境中，幼儿教师应做到以下几点：

第一，要理解孩子的内心世界。我们要尊重孩子，孩子虽小但他们也有自尊心，只有尊重他们，才能让孩子接受教师所讲的话。教师任何时候都不应该伤害孩子的自尊心，要讲道理，让孩子感受到老师是喜欢他的。

第二，运用谈话的技巧。教师要有一颗童心和孩子沟通，和孩子讨论他们感兴趣的事，并运用一些儿童化的语言。让幼儿感觉你是他们的朋友。另外，若孩子犯错，教师要用平静严肃的表情对孩子讲话，用词应简单易理解，让孩子认识

到自己行为的错误,而不可用责骂的语气对待他们,严禁打骂。

第三,要与孩子建立平等关系,不要居高临下。如果教师想要接近孩子,必须放下自己的架子,同孩子建立一种平等的谈话方式,与孩子站在同样的高度,用孩子的眼光看问题。

第四,注重孩子的兴趣。观察发现儿童感兴趣的话题,将儿童引入交谈主题之中,运用简洁有趣的提问,保持儿童交谈的兴趣。儿童发言时,教师要表现出极大的热情和耐心,注意倾听并给予鼓励。

第五,教师用语通俗易懂。教师用语应符合儿童的年龄特点和认知水平,因此,教师表述简单明了,从容不迫,使儿童容易听懂;教师应讲究语言艺术,由于学前儿童的思维具有直觉行动性和具体形象性,因此教师的口语应该生动形象,引人入胜,并伴有动态语言。教师始终要用积极的语言与儿童谈话,告诉儿童应当做什么,而不是指出他不应当做什么。说话的态度温和,使儿童有一种安全感,并乐意听从;语气坚定,使儿童感到教师充满自信;尽量用愉快的声调并走到儿童身边说话,而不是老远地大声嚷嚷,因为这样做,会使儿童感到恐惧。

第六,重视运用非语言沟通策略。教师与儿童的非言语沟通主要是指教师运用微笑、点头、抚摸、搂抱、蹲下与儿童交谈等方式与儿童沟通。这种方式比言语更容易表达教师对儿童的尊重、关心、爱护和肯定,符合儿童的心理需要,教师的这种动态语言的运用,是建立在教师对儿童的爱的基础上的。教师如果像母亲一样对孩子从内心充满爱,这种内心的爱的情感就会自然而然地流露出来并转化为动态语言。

3. 教师是社区资源的整合者

学前教育是一个开放的体系,它的良好运行需要社区、家长的大力支持,作为一名学前教育教师,必须学会和家长、社区沟通,整合各种有用的资源为儿童发展做好服务。

三、教育内容

教育内容是人类积累起来的各种丰富的经验,是符合教育目的、最有价值和适合受教育者身心发展水平的影响物;学前教育的内容从大的方面来讲包括身体、认知、情感、社会性、审美等方面。随着时代的发展,这些内容也产生了一些变化,有所拓展,新型的知识观对传统的知识观形成了巨大的冲击。与传统教育中的知识观相比较，更加符合社会和个体发展的需要，表现出一定的特色。具体体现在以下几个方面。

（一）身体方面

锻炼儿童肌肉的力量，培养儿童活动的技巧；使儿童能运动与转位，保持身体平衡；使儿童会投掷与接应，能往上、往下跳；形成儿童的节奏感与时间概念；加强儿童对身体及空间的意识；使儿童学会休息、放松，消除疲劳。还有安全教育和性教育的内容，在安全教育中消防教育占据着重要地位。

（二）认知方面

指导儿童通过感官来探索周围世界；发展儿童的好奇心和求知欲；鼓励儿童提出问题，对事物进行比较，找出相互之间的联系；帮助儿童获得关于形状、颜色、大小、分类、顺序、数字等概念，掌握秩序、序列、因果等关系。近十几年来，学前教育格外重视儿童认知方面的语言教育和创造教育。在培养儿童的语言能力时，提出要增强儿童使用语言的自信心；使儿童发音清晰、词汇丰富；指导儿童掌握多种句型句式，使儿童喜欢与别人交流；发展儿童对语言的理解能力，使儿童能运用语言正确地表达自己的思想和感受；训练儿童语言游戏的技能和倾听的技巧，使儿童的语言能力得到全面提高。

（三）情感方面

使儿童能习惯与家人分离；帮助儿童与教师建立基本的信赖、尊重关系；指导儿童学会了解自己的情绪，并能加以控制；引导儿童恰当处理情绪问题；帮助儿童学会面对现实；使儿童学会了解别人，对别人有同情心；维护儿童的健康。现在学前教育界较为强调通过理解儿童的感情，来促进儿童情绪的健康发展。

例如，刚进入学前教育的一些儿童，好哭好闹，表现出明显的与家长分离的焦虑。教育专家认为，儿童首次与父母分离并不容易，帮助儿童渡过这一难关，有许多工作需要教师去做：要用"你难过是对的，我们很理解"的话语来替代过去对儿童提出的"要勇敢一些"的要求或批评，以示承认、接受儿童的感情；允许儿童做自己最高兴的事，玩自己最心爱的玩具；应当默许家长来园陪伴儿童，陪伴的时间由长变短，直至儿童完全适应为止；把同伴的活动照片装订成册，送给儿童，以萌发儿童对幼儿园的感情。此外，还应当重视培养儿童抑制冲动的能力，注意削减儿童的攻击行为。研究发现，在学前期经常抢夺同伴玩具、时常出现冲动动作、难以和同伴相处的儿童，长大成年后往往患有焦虑症。有专家指出，在学前期，可让儿童玩"医院"等游戏，来提高儿童表现情绪、控制情绪的能力。

（四）社会性方面

帮助儿童学会控制非社会性行为；能通过社会认可的行为来满足自己的需要；能与周围的人和睦相处；能从帮助他人中得到满足；能从工作中获得快乐；能了解自己及家庭、文化，并引以为豪。礼貌是叩开社会大门的敲门砖。应当教会儿童对师长用尊称，应用礼貌用语来称呼学校老师或其他长辈。

中国是一个多民族大国，根据不同民族的文化、生活习惯的特点，学前教育还重视对儿童进行多元文化教育，使儿童不仅能了解自己的传统文化，还能接受其他文化。如在学前儿童教育机构重中，教师经常给儿童教各种民族的舞蹈、儿歌、童谣等。

（五）美的感知与表现方面

学前教育在儿童美感形成上的内容有：帮助儿童感知和认识周围环境的美；学会用好听的声音唱歌，能独立操作、演奏简单的打击乐器，欣赏到音乐的美；使儿童感受跳舞的乐趣，鼓励儿童即兴创编；给儿童提供多种绘画材料，让他们自由选择，自由作画，培养儿童表现美、创造美的兴趣和能力；激发儿童对童谣及手指游戏的兴趣，通过律动活动、节庆活动、揉捏黏土、剪剪贴贴等发展儿童表现美的能力。

四、教育环境

创设良好的教育环境对儿童的发展而言是至关重要的，良好的环境不仅可以发展儿童的认知能力，而且对于塑造儿童健康的人格有着十分重要的作用。教育环境是一个非常宽泛的概念，在日常教育中，我们可以把教育环境大致分为：学前教育环境、社区教育环境和家庭教育环境。

（一）学前教育环境

学前教育中的环境是专门为学前儿童设置的，符合学前儿童的年龄特点和生活、教育的需要，具有专业性、规律性、符合时代的社会需求等特点，是有明确目的、有计划、有组织的。它与其他环境相比，更能使儿童朝着社会预期的目标发展，对促进学前儿童健康发展起重要作用。环境的教育价值对学前儿童来说非常的明显，学前儿童正是在与环境的互动中获得各方面的能力和发展的。

（二）社区教育环境

社区环境是极为重要的教育资源，教师及儿童家长应当注重开发和利用社区环境。发达国家的幼教机构特别注重与社区的结合和互动。作为教师，我们应当利用好社区公共设施，同时现代教育的特点是开放教育和大教育。长辈的教育态度和教养方式、邻里和社区居民的言行举止、精神风貌等都直接或潜移默化地影响着儿童的发展。

（三）家庭教育环境

家庭教育环境，主要是指家庭成员之间形成的一种气氛，是团结和睦的还是矛盾分裂的，是积极向上的还是消极颓废的，是热情温暖的还是孤独冷漠的，是有节奏有条理的还是懒散杂乱无章的，这些对孩子良好行为的形成有重要影响。给孩子制定的常规要求，家长必须身体力行，成为孩子学习的楷模。家庭环境布置是否整洁，生活安排是否井然有序，对孩子的行为也会产生潜移默化的影响。

从出生到学龄初期，家庭教育占特别重要的地位。家庭教育既是托儿所、幼儿园教育的助手，又是社会教育的一个方面。家庭是儿童健康成长的第一个，又是最重要的生活场所，家庭教育是任何教育都不能代替的，学校教育、社会教育都是在家庭基础上的延伸、扩展和提高。要真正了解一个儿童，首先要了解其家庭。另外，托儿所、幼儿园教育与社会教育的影响又不断地反映到家庭中来，实践证明，重视与家庭配合的托儿所、幼儿园，就能充分发挥家长的作用，教育工作就顺利；反之，忽视家庭教育的托儿所、幼儿园，就会事倍功半。

要保证儿童的全面发展，托儿所、幼儿园与家庭必须紧密配合，同心协力地对儿童进行教育。教师要充分发挥家庭资源、社会资源的作用，将家庭、社区资源引入托儿所、幼儿园，引入班级活动，并运用整合的思想，将家庭、学前教育、社会三者有机联系在一起，促进学前儿童发展会起到事半功倍的效果。

第三节 学前教育与社会发展

一、学前教育与经济

（一）学前教育与经济

学前教育的产生、发展与完善都与社会经济的发展密切相关，并为社会经济发展所制约。在近代资本主义大工业生产以前，社会生产力水平很低，学前儿童是在生活和劳动中接受教育。资本主义大工业兴起后，才提出了建立学前教育的社会需要。就我国学前教育发展来看，在20世纪上半叶，社会经济发展缓慢，我国幼儿园发展也较慢，而且最先也是在沿海经济较发达的工业地区建立和发展的。新中国成立后，随着社会经济的发展，学前教育的设置才有了较快的发展。因为学前教育的设置与发展，需要一定的财力与人力为基础，这都与社会经济发展的水平直接有关。而且社会经济发展水平还会影响社会对学前教育的需要，家长送托子女的需要。从我国近几十年来学前教育事业发展的正反两方面的经验而言，学前教育的设置与发展必须与社会经济发展水平相适应。如果不顾社会经济发展水平盲目发展，就会使学前教育事业遭到挫折。

（二）学前教育的任务、手段、内容受社会经济发展的影响

在以往的历史发展过程中，学前教育的任务，从总的发展趋势来看，是在不断变化的。其中先后经历了四个阶段的变化：一是初创时期——主要为工作的母亲照管儿童，只负担起儿童生活与安全方面的照顾；二是19世纪下半叶至20世纪上半叶——不限于看护儿童，对儿童实施促进其身心发展的教育；三是20世纪60年代至70年代——以发展儿童智力为中心的学前教育；四是20世纪80年代以后——促进儿童身体的、情绪的、智能的和社会性的全面发展。

在上述变化过程中，社会经济的发展是导致这一变化的主要因素之一。由于社会经济发展的水平不同，对下一代提出的要求不同，教育的任务也不同；同时，经济的发展也为实现这些要求提供了一定的物质基础。如英国的学前教育的任务在20世纪以来，随着社会经济的发展，也经历了如下的变化：1918年注重保育，营养和照管；1939年注重儿童情感及创造力的培养；1969年注重儿童智力的发展。

又如，美国在19世纪50年代最早的学前教育设立是为贫穷家庭的子女服务的，设备很简陋，只是照看儿童。随着社会经济的发展，家长对学前教育的要求也逐步提高。于是20世纪60年代开始的"早期开端方案"就是从教育机会均等出发，对环境不利儿童进行补偿教育，促进其身体、社会性、情感及智力多方面的发展。而我国在20世纪50年代初期不少学前教育，也以照看儿童的安全为主要任务。几十年来，随着经济的发展，大都转向以教育儿童促进他们体、智、德、美全面发展为任务，尤其是在我国经济改革与发展的今天，强调促进儿童全面和谐而富有个性地发展，注重从小培养儿童的主动性、独立性和创造性。

学前教育的内容与手段也与社会经济发展紧密相连。经济的发展能创造更多的社会物质财富，为丰富和更新学前教育的内容与手段提供了条件。自100多年前福禄培尔为幼儿园制订了教育内容，设计了教具、玩具以来，随着社会经济的发展，学前教育内容与手段有了很大的变化。在教育内容方面，扩大了认识社会环境和自然环境的内容与要求，注重儿童认识周围事物的兴趣和求知欲的发展，注重儿童智力的开发与能力的培养，特别是创造力的培养，同时还注重儿童社会交往能力的培养。在教育手段方面，儿童游戏的内容与形式更为丰富多彩、多种多样，利用儿童的日常生活环节开展教育，开发各种观察、操作和实验活动，并且运用录音、幻灯、电影、电视、录像及计算机等现代化教学手段，不断提高学前教育质量。

（三）学前教育为促进社会经济发展服务

学前教育是整个国民教育的基础阶段。一些教育家和心理学家的研究表明，提高人的素质，不只在学校教育，更重要的是在入学前的教育。学前教育在提高劳动力的素质方面的作用，促进社会经济发展的作用越来越为人们所重视。学前教育不仅可以从提高劳动力素质、培养人才的角度促进经济发展，还有自己独特的作用。学前教育关系千家万户的生活和工作，减轻家长养育幼小子女的负担和后顾之忧，使他们精力充沛地投入工作和学习。这是通过保护和解放劳动力，直接为发展经济服务。

二、学前教育与地理环境

古人云，"一方水土养一方人"，不同的地理环境养成性情不同的人。地理环境与学前教育互为影响，一方面地理环境可以促进或制约学前教育的发展，另一方面学前教育会促进改善地理环境。良好的地理环境是学前教育的基本保证，在一个充满污染、气候恶劣、物种稀缺、生态受到严重破坏的环境中，一切发展都要受到制约。因此，创设和选择良好的地理环境是搞好学前教育的基本保障。发展学前教育应当从以下一些方面促进地理环境的改善：一是培养儿童从小热爱大自然，萌发幼儿为了生存要保护好自然环境的良好情感，学会人与自然和谐相处；二是培养儿童从小有良好的文明行为习惯，有积极参与环保的初步意识；三是通过儿童向社会、向家长进行宣传教育，促使大家知道"保护环境，人人有责"，懂得"地球只有一个，人类要保护好她"的道理。

儿童是祖国的未来、人类的希望，把保护地理环境教育的着眼点放在儿童身上是有现实的深远的意义的。

三、学前教育与文化

学前教育与社会文化有着十分密切的关系。学前教育是文化的一个组成部分，是文化大系统中的一个子系统。要考察学前教育的发展与规律，必须把握文化对学前教育的影响作用，否则难以全面认识学前教育及其发展规律。

（一）文化与教育

文化与社会共存，文化存在于社会之中。自从有人类开始也就有了文化。所谓文化，广义的理解是指人类在社会历史实践过程中所创造的物质财富和精神财富的总和。狭义的理解是指社会的精神文化，即社会的价值观念、思想道德、科技、教育、艺术、文学、宗教、传统习俗及其制度的一种复合体。文化与教育密切相关。两者的联系主要表现在以下几个方面。

1. 文化水平与教育

衡量社会文化水平的指标有许多种，如从事体力劳动与脑力劳动的人数之比、文化需要的水平与结构（其中包括订阅报刊、购买书籍，艺术欣赏，图书馆、博物馆、影院等文化设施的数量）、文化的空间时间分配结构（指一天内文化活动时间分配）等，但是，一般社会都将其人口受教育水平作为该社会文化水平的指标，社会文化水平与教育水平具有极高的相关性。文化水平对教育的间接影响表现为：文化发达→促进生产力发展→增加教育的物质来源→增进人口受教育水平。文化水平对教育的直接影响表现为：教师文化水平→教育水平→学生文化水平→受教育水平→家长文化水平→下一代的文化水平。另外，社会与社区文化水平，以及周围的文化氛围、文化设施都直接影响着学生的受教育水平。

2. 文化传递与教育

文化传递是指文化在时间上的延续和在空间上的流动。文化传递需要物质载体（如工具、建筑）、精神载体（如语言、文字、声光、意识形态）、人的载体（如个人拥有的知识、道德等），这三种载体不断转化才能完成，才能使客体文化转化到主体文化。在这个过程中，教育起着十分重要的作用，它是文化传递的前提、动力和重要途径，并在传递过程中起到补充、发展和丰富文化的作用。

3. 文化选择与教育

文化选择是指对某种文化的问题撷取或排斥的过程。文化选择以社会需要为基点，同时又具有人的主体性特点。在文化选择与教育的关系处理上应注意以下几个方面：一是教育选择有社会价值的文化；二是按教育需要选择文化；三是选择有利于受教育者发展的社会文化。在这个过程中，需要协调好文化选择与教育的关系，将两者之间的矛盾降到最低限度。

（二）文化对学前教育的影响作用

文化对学前教育的影响表现在许多方面，尤其是在现代社会，文化对学前教育的影响力更是不可低估。从文化对学前教育的影响作用来看，一般表现为以下三个方面：

首先，文化是政治、经济作用于学前教育的中介，即通过文化传递一定的政治、经济的要求。如通过舆论、文章、书籍、广播、影视导向等现实文化反映政治经济的要求，从而影响学前教育的发展方向与发展水平。

其次，文化主要表现为以其主动的相对独立的形态直接地影响着学前教育。例如，传统文化、外国文化、价值观念等不一定是社会现实政治、经济的反映，而是通过文化的渗透功能影响学前教育的观念及其思想体系。

最后，一定社会的文化对学前教育的发展所产生的制约作用是显而易见的。这种制约作用一般表现为两种形式：一种是积极推进作用。例如，社会观念的更新、先进文化的引进、对传统文化精髓的吸取，都会对学前教育的改革与发展产生强大的推动作用。另一种形式是消极滞后作用，即约束和妨碍学前教育的发展。例如，在社会变革过程中，新旧文化交替、文化心理的撞击，常会使一些消极、落后、腐朽的文化形态与价值观念，对学前教育产生诸多的负面影响，甚至还会误入歧途。因此，全面地认识文化对学前教育的制约作用是十分重要的。

（三）社会文化变迁与学前教育

社会文化变迁是指文化内容含量的增加或减少而引起的结构性的变化。文化变迁虽然来自文化内容的变化，但又并非所有的文化内容的变化都会引起文化变迁。只有当某种文化内容引起文化的结构性、全局性、整体性变化时，才形成文化变迁。

文化变迁是永恒的，是不以人的意志为转移的。文化变迁的动因在于社会经济的发展和自身的规律性变化，在文化变迁过程中，教育可以成为一种推动力量，能动地推进文化变迁的进程。但是，教育如果滞后、僵化，则会阻碍文化变迁，致使教育在文化变迁上的能动性也难以发挥。鉴于文化变迁与教育的关系，对现代社会学前教育应具有下列方面的认识：

第一，学前教育的设计与组织应该考虑区域环境与家庭的文化背景。根据不同背景下不同儿童的需要设计学前教育的不同方案，同时应致力于更新家长的教育观念和提高家庭教育水平。

第二，学前教育的内容都应尽量反映我国传统文化的精华，并注意吸收世界优秀文化的精髓。

第三，学前教育应该充分利用多种媒体，重视文化信息的传播，不断吸收新文化，其中包括新观念、新知识、新技术，尤其应重视电化教育手段的运用，以丰富学前教育的内容，完善学前教育的手段。

第四，学前教育应根据国情、乡情和儿童水平来选择文化，以提高学前教育与社会文化的协调性。

第五，学前教育应不断地改革教育形式、内容与方法以适应社会文化的不断变迁。

第四节　学前教育与儿童发展

儿童的发展，是指儿童在成长的过程中，身体和心理方面有规律地进行量变与质变的过程。其中身体的发展，是指儿童机体的正常生长和发育，包括形态的增长和功能的成熟。心理的发展，是指儿童的认识过程、情感、意志和个性的发展。对学前儿童来说，其身体的发展与心理的发展是密切相连的，儿童年龄越小，其身体发展和心理发展之间的相互影响也就越大。儿童的发展受诸多因素的影响，有先天的和后天的因素，有生物的和社会的因素，有生理的和心理的因素，有物质的和精神的因素。这些因素都会对儿童的发展产生不同的作用。

一、影响儿童发展的诸因素

（一）生物因素

儿童首先是有生命的有机体，他的发展首先要服从于生物学的规律。生物因素包括遗传素质、先天素质和制约发展的成熟机制。

1. 遗传素质为儿童发展提供了物质前提

遗传素质是指儿童从亲代那里获得的生理解剖方面的生物特点，如机体的形态、结构、感官特征和神经系统的结构和机能等特点，特别是人的大脑的结构和机能的特点。遗传素质是儿童身心发展的物质前提条件，人在感知以前，必须有各种感知器官，人们为了思维，必须有特殊组织的物质——脑的存在。不然，人就无从感知，无从思维。所以，遗传素质对儿童的发展提供了可能性。

总之，遗传素质是儿童身心发展的物质前提条件，没有这个前提条件就谈不上儿童发展，但遗传素质只为人的发展提供物质前提和可能性，不能夸大遗传素质作用。那种夸大遗传素质作用的"遗传决定论"是片面的。

2. 胎内环境等先天因素对儿童发展的影响

20世纪50年代以来，对胎儿发育的研究，科学地说明了母亲的营养、疾病、药物和情绪对胎儿发育有重大影响。已有研究表明，由于母亲营养不良，或出生后第一年营养不良，胎儿的脑细胞数量会低于正常数，有时只达预期数量的60%。母亲的营养还会影响胎儿出生以后的智力发展。如哈勒尔于1955年一项实验研究，对营养不良的孕妇，一半人给以营养补助，另一半人给以安慰剂，在他们孩子三四岁进行智力测定时，发现给予营养补助的一组，孩子智力的平均分数高于另一组。如果孕妇患有某些严重疾病时，常常会引起流产、早产和死胎，或导致胎儿患病或先天缺陷。如果孕妇滥用药物，又会影响血液中的化学成分和细胞的新陈代谢，从而影响胎儿的正常发育，因此母体环境对发育中的胎儿有很大的影响。

3. 成熟机制在儿童发展中的制约作用

遗传素质是不断成熟的，遗传素质的成熟程度影响着儿童身心发展的过程及阶段。学前儿童保教要遵循儿童成熟的规律。儿童的生理和心理的发展，是按照特定的顺序有规则、有次序地进行的。通俗地说，儿童的发展有一张"时间表"，他们的发展必然遵守这张时间表。这种用来指导发展过程的机制，就是成熟。对儿童来说，成熟是推动发展的重要动力。没有足够的成熟，就没有真正的发展。脱离了成熟的条件，学习本身并不能推动发展。著名的美国儿童心理学家、儿科医生格塞尔指出："儿童在成熟之前，处于学习的准备状态。"所谓准备，就是由不成熟到成熟的生理机制的变化过程。只要准备好了，学习就发生。而在未准备之前，成人应等待，等待儿童达到对新的学习产生接受能力的水平。各种学习、训练内容，都是在儿童达到一定的成熟水平时展开的。例如，训练一个七个月的儿童爬行时完全可能的，但这时训练他走，则由于机体的构造和机能尚未成熟，不仅不可能也无益。

（二）社会因素

社会因素包括儿童所处的社会、家庭、教育机构等各种环境因素。

1. 环境引导和潜移默化地影响儿童的发展

环境是指儿童周围的客观世界，它包括自然环境和社会环境。一切生物都离不开适宜的自然环境而生长发育。但对人的身心发展来说，不仅需要自然环境，更需要社会环境。如果离开了人类的社会环境，就不可能产生人的心理。众所周知，印度狼孩的事例就充分证明了这一点。我们这里所讨论的主要是社会环境对儿童发展的影响，人一出生就在一定的社会环境中生活。社会环境的范围很广，从大的方面看，包括他所处的时代、所处的社会政治经济文化和社会物质生活条件；从小的方面看，包括对儿童有直接影响的家庭及其成员、亲友、邻里、教育机构、同伴等。这些社会环境都直接或间接地影响着儿童的发展。儿童的先天素质能否得到发展，向什么方向发展、达到怎样的程度都受到他所处的社会环境的深刻影响。

环境的影响很复杂、多样，其中有自发因素的影响和自觉因素的影响。自发因素影响是指那些无特定目的、未经组织的、带有偶然性地发生作用的影响，其中有积极的影响，也有消极的影响。如果完全依赖自发因素的影响，将导致儿童发展的放任自流。自觉因素的影响，如家庭有意识的教育影响和教育机构的教育，都对儿童发展起主导作用。

2. 家庭环境对儿童发展奠定基础

家庭是儿童成长的最初环境，父母是儿童的第一任教师。家庭环境是指家庭的经济和物质生活条件、社会地位、家庭成员之间的关系及家庭成员的语言、行为及感情的总和。它对学前儿童的影响主要包括物质环境、心理环境和教养方式。实物环境是指家庭中生活、学习物品是否充足，如何摆设与使用；心理环境是指父母与子女之间的态度及情感交流的状态，家庭中人与人是否和睦，尊老爱幼，各尽其责，商量谅解，语言是否文明有礼等；教养方式是指是否民主平等，尊重儿童个性，鼓励自主独立等。

家庭是人生的奠基石，家庭环境对儿童发展的影响奠定基础，家庭环境的好坏直接影响着儿童发展，对儿童生长发育、心理素质的形成和发展，其影响是长远和深刻的。如我国著名桥梁专家茅以升，在回忆母亲时写道："……她的言行德操，在我家垂为风范，勤俭操家，事亲和顺。审利害，察是非，英断决疑，教养子女，视严实宽，协助亲朋，既丰且勤。……"母亲还教育他"……要取得真才实学，真有实识，报国始有方……"正是在这种家庭环境的熏陶下，茅以升养成了爱祖国、爱家乡，刻苦钻研，奋发学习，勤俭朴实等优良品质，成为我国近代著名的科学家。

3. 教育机构的教育在儿童发展中起主导作用

教育是环境的重要组成部分，是环境中的自觉因素。它与遗传、家庭相比较，对儿童身心发展中具有更为独特的作用。它是根据一定的社会要求，用一定的内容和方法，对儿童实施有目的、有计划、有系统的引导和影响活动。它决定儿童的发展方向，为儿童的发展提出明确的方向和目标；运用科学的手段和方法组织活动和学习，尊重儿童的年龄特点；教育从环境中过滤了符合儿童身心健康的内容；有利于儿童全面发展；教育具有系统性，注重的是儿童终身发展。由此可见，社会教育机构的教育因素与一般的环境因素的不同之处在于它对儿童发展的影响是一种有目标、有计划、有组织的影响。所以，通过这种教育可以使儿童优良的遗传素质得到充分的显现，使遗传所提供的某种可能性变为现实，并可影响和改造不良的遗传素质。教育还可以对环境加以取舍，并可发挥和利用环境中的有利因素，减少或消除不利因素，从而促进儿童健康、全面而和谐的发展。

（三）儿童自身的能动性

儿童的发展，除了受生物、家庭环境和教育等因素影响外，还取决于其自身的能动性。这是决定儿童发展方向与发展水平的又一个不可忽视的因素。儿童的能动性主要体现在以下几个方面：(1)儿童在发展过程中,不是消极被动地接受外部环境的影响,而是积极主动的学习者,他们对环境的刺激有较强的选择性,并表现出作为独立的生命体所具有的能动性；(2)同样的环境对于不同的儿童可以产生不同的影响；(3)从儿童的心理发展来看,儿童认识外界是儿童内部的主动活动过程；(4)没有儿童自身能动性的体现,其他因素的作用也难以完全得到实现。

综上所述,儿童的发展绝不是某一种因素单独影响的结果,而是多种因素综合地、系统地相互作用的结果。有了生物因素为前提,环境因素具备的情况下,儿童的主观能动性对儿童的自身发展显得尤为重要。我们不能孤立地、静止地强调遗传、环境和教育的作用,更不能忽视儿童主观能动性对其发展的重要作用。只有这样,才能全面地认识儿童的发展与教育问题。

二、学前教育与儿童发展

学前教育对儿童发展起着奠定人生基础作用,这是教育实践证明的。学前期的儿童正处于身体与智力最迅速发展,以及个性形成的重要时期。学前儿童大脑发育迅速、可塑性大,研究表明,3岁时儿童的脑重量是出生时的3倍,相当于成人的2/3,至7岁时脑重已接近成人的脑重。大脑的发育使神经细胞传导更加迅速精确,促使儿童形成更加复杂的神经联系,这为儿童接受教育提供了可能性。与此同时,脑神经细胞也是儿童的学习、运动和各种活动中迅速地发展和成熟起来。早期丰富的刺激和科学的教育不仅有助于大脑的发育,而且有利于增进儿童身心健康、促进儿童全面和谐而又充分地发展,为今后成才和可持续发展奠定基础。

(一)教育主导和促进儿童更全面充分的发展

学前教育是一种有目的、有计划、全面系统地对学前儿童施加符合年龄特点和发展规律影响的过程,比那些自发的、偶然的、无计划的、不注重儿童特点的环境因素的影响更为科学有效。学前教育担负着家庭教育指导的责任,注重与家长的合作共育,更能充分地发挥遗传素质和家庭环境中的有利因素,克服其不利因素,利用集体的教育因素,同龄伙伴的相互作用对儿童发展的影响,优化儿童发展的环境,并根据个体差异因材施教,帮助儿童对发展的多种可能性做出判断和价值选择，并通过全面系统多样化的教育活动，促使儿童全面和谐而富有个性地发展。

（二）反对"教育万能论"

"教育万能论"是一种把教育的作用夸大到可以决定社会，否定遗传素质差异对人的发展影响的教育主张。德国哲学家康德认为，人之所以成为人，完全靠教育。另一位德国哲学家莱布尼茨曾说，如果给他以教育的全权，不需要一百年，就可以使欧洲改观。法国唯物主义者爱尔维修是"教育万能论"的最著名的代表人物，认为人的天赋是平等的，遗传素质不存在差别，人是环境和教育的产物。教育不是万能的，教育对人的发展所起的主导作用是有条件的。"教育万能论"是一种片面的思想主张，我们必须加以科学批判，以免误导儿童教育和儿童发展。

我们应该明确，儿童的发展受诸多因素的综合影响，有生物的和社会的因素影响，有生理的和心理的因素影响，有物质的和精神的因素影响；而且儿童自身的主体能动性对发展起重要作用，儿童不是消极被动地接受教育，一切影响都要通过儿童与之相互作用和自身的活动才能内化为发展。

三、整合性教育与儿童发展

人类社会的发展是一部创造发明史，特别在当今世界科技发展竞争日趋激烈的今天，要使我们的中华民族屹立于世界强国之林，关键在于培养无数个创造型、开拓型人才。这种人才的培养必须依靠家庭教育、学校教育和社会教育。随着时代的进步，特别是进入21世纪之后，现代社会和教育的发展，使人们越来越清楚地认识到学前教育、家庭和社区在儿童早期成长过程中的作用。这三方面互相制约、互相依存、互相促进，组成教育的整体。1990年召开的"世界儿童问题首脑会议"的文件《儿童生存、保护和发展世界宣言》中提出："我们将努力做好工作，从而尊重家庭在抚养儿童方面的作用，并支持父母，其他保育人员和社区对儿童从早期童年至青春期的养育和照料。"庄严地向各国人民宣告了这一共同的心声。因此，"三位一体"的教育显得尤为重要。"三位一体"是指社区、家庭和学前教育三位共同参与促进儿童成长，形成一个教育的共同体。如果只重视学前教育一方教育，而不重视家庭、社区的教育，就不能使家庭、社区和学前教育三方力量形成一种合力。因此，学前教育应充分重视家庭、社区教育，做好家长工作，联合社区协同一致，共同促进儿童和谐健康的发展。

（一）树立幼儿园、家庭、社会一体化的大教育观

人类发展生态学研究成果表明，人的发展是一个庞大的生态体系相作用的结果。这个体系的中心是自主的人，他是具有主观能动性和自主发展的个体。对儿童来说，其发展则受所处的环境和所处的社会生态系统的影响，即家庭、教育机构和社会三大环境的影响。因此，儿童教育是一项系统工程，它是由各种教育环境之间的互相配合、互相作用所形成的合力对儿童的发展产生影响。显然三者的协调配合程度越高，对儿童的教育所产生的正效应也就越高。过去由于受旧的教育观念的影响，认为只有学前教育才能够单独完成教育任务。如果说幼儿园的任务只有对儿童进行知识、技能方面的教育，即学前教育亦很难单独完成。何况现在的学前教育的任务是要对学前儿童进行体、智、德、美全面发展的教育。要培养他们成为社会所需要的，身心和谐发展的人，还要面向全体，因人施教，这一任务不可能脱离家庭和社会，而儿童所处的社会环境最直接的是社区和家庭，所以对儿童的教育应特别重视幼儿园与家庭、社区的共同配合，同向同步地对儿童进行教育。

（二）学前教育要为社区、家庭教育服务保持教育的整体性

学前教育是社区事业的一部分，学前教育的发展要依托社区的发展，家庭就处在这一社区中，所以服务社区和家庭对促进儿童健康成长极为重要。儿童的成长需要有一个合适的环境，在现实生活中，家园教育之间往往存在一定的距离和各种不协调，教育效果必然受到影响。幼儿园指导家庭教育，可以让家长了解学前教育教育的内容、要求、方法等知识，提高实际教育能力，让儿童在协调一致的环境中生活和学习。

第二章 高校学前教育培养模式的理论评析

第一节 专业发展理论

幼儿教师是幼儿保教（保育与教育）活动的直接组织者与实施者，是幼儿保教活动的关键主体，是决定保教活动实施成效的核心因素，要想提高幼儿保教质量，必须先提升幼儿教师素质。目前，提升幼儿教师素质已成为世界各国幼儿教育事业优先发展的任务。从职业的角度讲，幼儿教师素质的高低在于其专业化水平。为此，幼儿教师专业化已成为国内外的共识，幼儿教师专业发展已成为世界各国的共同追求，幼儿教师专业发展理论随之已成为学界广为探讨的热点。培养学前教育本科专业人才的主要目的，即为培养合格的幼儿教师做准备。显然，在培养学前教育本科专业人才的过程中，理应遵循幼儿教师专业发展理论的指导。为此，本节将着重对幼儿教师专业发展理论展开阐述。

一、幼儿教师

根据《教育词典》的解释，幼儿教师又称为教养员，是在幼儿园中负责全面教育儿童的人员，是实现幼儿教育任务的具体工作者，是幼儿德、智、体、美全面发展的培育者。本书认为，这一定义显得有点抽象，仍有必要对幼儿教师的概念进行重新界定。由于幼儿教师是整个教师群体中的一个特殊群体，因此，要想厘清其含义，必须先明晰教师的含义。

从我国习惯用语看，教师一词具有广义、中义与狭义三层含义。广义上，"教师是指有目的地增进他人的知识和技能，影响他人的思想品德及身体、心理的形成和发展的人"。显然，广义上的教师既可以是专业人员，又可以是非专业人员。中义上，"教师是履行教育教学职责的专业人员，承担教书育人、培养社会主义事业建设者和接班人、提高民族素质的使命"。由此可见，中义上的教师包括三类工作人员：各级各类学校（公办学校、民办学校及培训学校或教育培训机构）中教育一线岗位上的专职教育工作者（简称专职教师）、管理岗位上的教育管理者（简称教管教师）及科研岗位上的教育研究者（简称教研教师）。狭义上，教师专指各级各类学校中就职于教育一线岗位上的专职教育工作者。可见，狭义上的教师特指专职教师。一般来说，国内所指称的教师往往是中义上的教师，它包括专职教师、教管教师和教研教师三类。不过，从当下我国幼儿教师群体的实际来看，总体而言，尚未有专门从事科研的幼儿教师，且专门从事管理工作的幼儿教师极少，故通常所指称的幼儿教师相当于狭义的教师，即就职于幼儿教育工作一线的专职幼儿教师，这样的专职幼儿教师包括幼儿园中的专职保育教师和专职教育教师。本书所指的幼儿教师即这种专职幼儿教师，同时这种专职幼儿教师亦是本书探讨的学前教育师资。

二、专业发展

专业发展这一概念由专业和发展两个词构成，要想明晰其含义，必先明确专业和发展这两个词的含义。根据《现代汉语词典》，发展的含义比较单一，它是指"事物由小到大、由简单到复杂、由低级到高级的变化"。而专业的含义有三种：一是指高等学校或中等专业学校里，根据科学分工或生产部门的分工把学业分成的门类；二是指产业部门中根据产品生产的不同过程而分成的各业务部分；三是指专门工作或专门职业。由于专业一词的含义并不单一，因而必须结合具体的语境加以理解。由于本节内容主要阐述的是教师专业发展理论，因而本节所阐述的专业特指专门职业。那么，专门职业是什么呢？

美国著名社会学家利伯曼给专门职业确定了如下八条标准：
①范围明确，以"垄断"的形式从事社会不可缺少的工作；
②运用高度的理智性技术；
③需要长期的专业教育；
④从事者无论个人、集体均具有广泛的自律性；
⑤在专业的自律性范围内，直接负有做出判断、采取行动的责任；
⑥不以赢利为目的，而以服务为动机；
⑦形成了综合性的自治组织；
⑧拥有应用方式具体化的伦理纲领。

我国学者王建磐认为，成熟的专业工作，应该具备以下六个特征或标准：

①专业知识，即构成专业的首要标准是需要一套完善的专门知识和技能体系作为专业人员从业的依据；

②专业道德，即某一职业群体为更好地履行职业责任、满足社会需要、维护职业声誉而制定的自我约束的行为规范或伦理标准；

③专业训练，需要经过长期的培养与训练；

④专业发展，即需要不断地学习进修；

⑤专业自主，享有有效的专业自治；

⑥专业组织，即形成坚强的专业团体。

本书综合以上两位学者对专门职业所持的观点并结合发展的含义后认为，所谓专业发展，是指一个普通的职业群体在某种专业（或专门职业）标准的指引下，通过不断提升其自身素质直至其自身素质逐渐符合相应的专业标准的过程。

三、幼儿教师专业发展

教师专业化发展是教师专业化和教师发展的有机整合，作为教师群体的一部分，幼儿教师的专业发展也不例外。下面将从教师专业化和教师专业发展两个方面简要阐述幼儿教师专业发展理论。

（一）幼儿教师专业化

20世纪80年代，美国教育界就已明确提出教师专业化的概念。当下，教师专业化已为世界许多国家所接纳，且日益上升为一种教育理论。

教师专业化是教师在整个专业生涯中，通过终身进行专业学习与专业训练，获取教师职业的专业知识与技能，形成专业道德与品格、养成专业自律与自主，以之逐步提升自身的职业素质水平，从而不断向专家型教师迈进的过程。显然，幼儿教师专业化即幼儿教师通过终身的专业学习与专业训练，不断获取一系列从事幼儿教师职业不可或缺的幼儿保教知识与技能，形成幼儿教师必备的道德与品格，养成专业自律自主，从而使其自身专业素质不断提升至接近或达到专家型幼儿教师应备素质的过程。教师专业化一般具有两层含义：一是指一个普通职业群体逐渐符合专业标准、成为专门职业并获得相应的专业地位的过程；二是指教师这一职业群体的专业性质和状态处于什么样的情况和水平。不言而喻，幼儿教师专业化也具有这样的两层含义。如同中小学教师专业化或高校教师专业化一样，幼儿教师专业化也包括幼儿教师职业专业化和幼儿教师主体专业化。其中，幼儿教师职业专业化是指幼儿教师职业群体向符合幼儿教师职业标准的方向变化与发展的过程；幼儿教师主体专业化是指幼儿教师通过接受培养与培训以及自身修炼等方式提升自身的专业情感、专业信念、专业品格、专业知识以及专业能力等专业素质，使之达到成熟状态的过程。幼儿教师专业化以幼儿教师职业的专业化为基础，以幼儿教师主体的专业化为目标。

（二）幼儿教师专业发展

1. 幼儿教师专业发展的含义

何谓幼儿教师专业发展？不妨先审视一下教师专业发展的含义。从字面意思上看，教师专业发展是教师专业素质结构不断变化、演进和丰富的过程；从逻辑意义上说，教师专业发展是指教师的专业成长过程，即教师作为专门的职业人员，其专业素养从不成熟到相对成熟的发展历程。具体而言，教师专业发展既指教师专业素质构成的演变，又指教师专业生涯阶段的演进。从专业素质看，教师专业发展是指教师的专业素质从专业知识和专业技能向专业知识、专业技能、专业信念、专业动机、专业态度、专业情感、专业期望和专业发展意识等发展的历程；从专业生涯看，教师专业发展是指教师从新手型教师乃至职前教师向熟手型教师直至专家型教师发展的历程。由此不难推断，幼儿教师专业发展既指幼儿教师专业素质的发展过程，又指幼儿教师专业生涯的发展过程。其中，幼儿教师专业素质发展是指幼儿教师的专业素质不断提升至接近或达到专家型幼儿教师应备素质的过程，幼儿教师专业生涯发展是指幼儿教师从新手型幼儿教师乃至职前幼儿教师不断向熟手型幼儿教师直至专家型幼儿教师发展的过程。

值得指出的是，幼儿教师专业发展的过程，不仅是幼儿教师自我完善的过程，还是幼儿教师通过完善自身更好地促进幼儿完善的过程。

2. 教师专业发展的内容

①身心系统。幼儿教师的职业活动内容是教书育人（保育是幼儿教师育人活动的一部分），其中，教书是手段，育人是目的。由于人是具有主观能动性和个体差异性的智慧动物，因而教书育人活动是一项复杂的脑力劳动和特殊的体力劳动，它要求从业者必须具有充沛的精力、健全的人格、良好的心境，否则从业者将难以胜任这项活动。可见，拥有健康的身体和健康的心理是一名教师顺利从事教师职业的保障，健康的身心系统理应是幼儿教师专业发展的内容之一。

②观念系统。观念是行为的先导。教师的教育观念必然影响教师自身的教育行为，进而影响教育成效。与滞后的教育观念相比，先进的教育观念通常能够带来较高的教育成效。因而，先进的幼儿教育观念是幼儿教师专业发展的"催化剂"，形成先进的幼儿教育观念必然是幼儿教师专业发展的应有内容。

③品格系统。这里的品格是指教师的品德和性格。就品德而言，由于教师是学生成长过程中的"重要他人"，因而学生很难不具有"向师性"。无疑，教师的师表形象是学生学习的榜样和模仿的对象，显然，具备优秀的品德是幼儿教师作为幼儿表率的前提。拿性格来说，每一种职业都要求从业者具有与之匹配的性格，即"性格影响着一个人对职业的适应性，一定的性格适合从事一定的职业，同时，不同的职业对人有不同的性格要求"。显而易见，培养良好的性格，也是幼儿教师专业发展的主要内容之一。可见，品格系统是幼儿教师专业发展的关键内容。

④知识系统。教师之所以称为教师，最起码的原因是教师在知识方面具有相对的权威性。作为一名教师，不仅需要具备学科专业知识、教育教学知识和通识文化知识，还需要具备个人的实践性知识。由此可见，知识系统是幼儿教师专业发展的基础，是幼儿教师专业发展的主要内容。

⑤能力系统。由于具备一定的教育教学能力与教科研能力是教师顺利从事教师职业活动的条件，因而，与从事幼儿教师职业相关的能力系统理当是幼儿教师专业发展的基本内容。教育教学能力主要包括语言表达能力、教学组织能力、学科教学能力、课程开发能力、班级管理能力等，教科研能力主要包括教育教学改革创新能力、教育教学反思能力、教育教学行动研究能力等。

3. 幼儿教师专业发展的阶段

从一名幼儿职前教师成长为一名专家型幼儿教师，是一个不断发展的过程，存在不同的发展阶段。在不同的发展阶段，幼儿教师会遇到不同的发展问题，同时幼儿教师也在不断解决所遇到的问题，这些问题的不断解决，推动幼儿教师的专业水平不断提高。由于幼儿教师的专业发展与中小学教师或高校教师的专业发展十分相似，因而国内外已有相关研究大多从一般教师的视角出发，较为笼统地阐述教师专业发展的阶段，相应便出现了不同的教师专业发展阶段论。

傅乐的教师关注阶段论。傅乐根据教师在不同发展阶段所关注的焦点问题，把教师的发展分为关注生存、关注情境和关注学生三个阶段。处于关注生存阶段的教师一般是新教师（刚入职的教师），他们非常关注自己的生存适应性，他们经常关心诸如"学生喜欢我吗?""同事们怎样看我"等问题。在此阶段,有些新教师可能会把大量的时间花在如何与学生相处上,而不是花在如何教好学生上;有些新教师则可能千方百计地控制学生,而不是让学生自由发展。处于关注情境阶段的教师,一般关心的问题是如何教好每一堂课,他们通常关心诸如班级大小、时间压力和备课材料是否充分等与教学情境相关的问题。处于关注学生阶段的教师,一般考虑学生的个别差异并进行因材施教。通过对教师关注阶段的研究,傅乐认为,个人成为教师的这一历程是经由关注自身、关注教学任务、关注学生的学习以及自身对学生的影响这样的发展阶段而逐渐递进的。

卡茨的教师发展时期论。卡茨根据自己与学前教师一起工作的经验,运用访问和调查问卷法,特别针对学前教师的训练需求与专业发展目标,将教师发展分为四个时期。一是存活期。在此阶段,教师对教学的设想与实际有差距,关心自己在陌生的环境中能否生存。二是巩固期。在此阶段,教师有了处理教学时间的基本知识,并开始巩固所掌握的教学经验和关注个别学生以及思考如何来帮助学生。三是更新期。在此阶段,教师对重复、机械的工作感到厌倦,试图寻找新的方法和技巧。四是成熟期。这一阶段的教师已习惯于教师角色,能够深入地探讨一些教育问题。尤值一提的是,卡茨所提出的教师发展论虽以学前教师为主,但其内容对中小学教师在训练需求、协助教师专业成长等方面也有参考与实用价值。

伯顿的教师发展阶段论。伯顿从与小学教师访谈的记录数据与资料中,整理归纳了教师所提出的观点,提出了教师发展的三个阶段论。一是求生存阶段。在此阶段,教师因刚踏入一个新环境,再加上没有实际教学经验,因此,对于教学活动及环境只有非常有限的认识。此时教师所关心的是做好班级经营、做好学科教学、改进教学技巧、尽快地了解所教的内容、做好课程与单元计划及组织好教学材料,进而做好教学工作。此外,此阶段的教师已开始注意了解学生并与之相处。二是调整阶段。在此阶段,教师的知识已较丰富,心情也较轻松。教师有精力开始了解学生的复杂性,此时会寻求新的教学技巧与解决问题的新方法,以满足学生的各种不同需求。三是成熟阶段。在此阶段,教师的经验更加丰富,对教学活动驾轻就熟,并且对教学环境已有了充分的了解与熟悉。此阶段的教师能够不断地追求并尝试新的方法,且更能关心学生,更能满足学生的需求。此外,此阶段的教师发现自己已经逐渐获得专业见解,并能处理大多数可能发生的新情况。

费斯勒的教师生涯循环论。费斯勒将教师的发展分为八个阶段。一是职前教育阶段。这个阶段通常是在大学或师范学院进行的师资培育阶段。此外，这一阶段也包括在职教师从事新角色或新工作的再培训。二是引导阶段。在此阶段，新任教师通常会努力寻求学生、同事及督导人员的接纳，并设法在处理每日问题和事务时获得被肯定的信心。三是能力建立阶段。在此阶段，教师会努力增进与充实和教育相关的知识，提高教学技巧和能力，设法获得新的信息材料、方法和策略。四是热心成长阶段。在此阶段，教师会更积极地追求其专业形象的建立，发挥热爱教育的工作激情，不断寻找新的方法来丰富教学活动。五是生涯挫折阶段。在此阶段，教师可能因教学上的挫折感或工作满足程度逐渐下降而开始怀疑自己选择教师这份工作是否正确。六是稳定和停滞阶段。在此阶段，教师通常不会主动追求教学专业上的卓越，只求无过，不求有功。七是生涯低落阶段。在此阶段，有些教师感到愉悦、自由，回想以前的桃李春风，而今终能功成身退；有些教师则会以一种苦涩的心情离开教育岗位，或因被迫终止工作而感不平，或因对教育工作的热爱而觉眷恋。八是生涯退出阶段。在此阶段，有些教师会寻找短期的临时工作，有些教师可能会颐养天年等。

伯林纳的教师教学专长论。伯林纳将教师的发展分为五个阶段。一是新手型阶段。此阶段是教师获取教学所需知识和技能的阶段。在此阶段，新手型教师除了要学习一些具体的概念外，还要学习一些具体教学情境下的应对规则。二是进步的新手阶段。在此阶段，教师将自己的实践经验与所学的知识逐步联系起来，并能找出不同情境中的一些相似性，而且有关情境知识也在增加。三是胜任型阶段。此阶段的教师能够按照个人想法自由处理事件，依据自己的计划，对所选择的信息做出反应。四是能手型阶段。此阶段的教师注重对教学的领会。他们通常能够从积累的大量丰富经验中识别出情境的相似性，能从截然不同的事件中考虑到相关性。五是专家型阶段。此阶段的教师不仅对教学情境有自觉的把握，还能够以非分析性、非随意性的方式，理智地做出合适的反应。他们的行为表现自然、流畅、灵活。

司德菲的教师生涯发展模式。司德菲将教师的发展分为五个阶段。一是预备生涯阶段。此阶段的教师具有以下几个特征：理想主义、有活力、富创意、接纳新观念、积极进取、努力向上。二是专家生涯阶段。此阶段的教师通常都能进行有效的班级经营和时间管理，对学生都抱有高度的期望，也能在自己的工作中激发自我潜能，达到实现自我的目的。三是退缩生涯阶段。此阶段包括三个分阶段。

第一分阶段为初期的退缩。在此期间，教师的表现不是最好，也不是最坏。他们很少致力于教学改革，所用的教材内容年复一年，他们的学生表现平平。这期间的教师多半沉默寡言、消极行事，而当他们得到教育行政人员的适时、适当的支持与鼓励时，又会恢复到专家生涯阶段。第二分阶段为持续的退缩。在此期间，教师会有倦怠感，经常批评学校、家长、学生甚至教育行政部门，有时对一些表现好的教师也妄加指责。此外，这些教师会抗拒变革，对行政上的措施不做任何反应。第三分阶段为深度的退缩。在此期间，教师在教学上表现出无力感，甚至有时还会伤害到学生，但是，这些教师并不认为自己有这些缺点，且具有很强烈的防范心理。四是更新生涯阶段。在此阶段，教师又可看到预备生涯阶段朝气蓬勃的状态，即有活力、肯吸收新知识、进取向上。不同之处在于，预备生涯阶段的教师对教学工作感到新奇振奋，而在更新生涯阶段的教师则致力于追求专业成长，吸收新的教学知识。五是退出生涯阶段。在此阶段，教师将开始离开教育岗位，其中有些教师开始安度晚年，而有些教师则可能继续追求生涯的第二春天。

休伯曼的教师职业生命周期论。休伯曼把教师的职业生涯过程归纳为五个时期。一是入职期，即"求生和发现期"。在此期间，教师一方面表现出初为人师的积极热情；另一方面表现出面对新工作的无所适从，想尽快步入正轨而急切希望获得教学的知识和技能。二是稳定期。在此期间，教师逐渐适应了自己的工作，并且能够比较自如地驾驭课堂教学，初步形成了自己的教学风格，已经能够比较轻松、自信地从事自己的工作，且在提升自己的教学技能等方面有了新目标。三是实验和歧变期。该阶段是教师职业生涯道路上的转变期，这种转变有两个方面：一方面是随着知识和阅历的增加，教师开始对教学及学校的相关工作进行大胆创新与改革，关注学校发展，对学校组织和管理中的漏洞进行批评和指正，不断挑战教师职业和自己本身；另一方面，单调乏味的教学轮回使教师产生了职业倦怠感，教师对是否要继续执教产生动摇，因而开始重新评估自己所从事的教师职业。四是平静和保守期。在此阶段，教师已经具有比较丰富的教育教学经验与教育教学技巧，不过他们通常没有了专业发展的热情和动力，在工作上表现得较为保守。五是退出教职期。在此阶段，教师的职业生涯步入了逐步终结的阶段。

此外，我国学者连榕提出了"新手—熟手—专家"三阶段理论，这些理论通过分析不同阶段教师的特点，运用对比分析的方法对专家型教师的教学专长发展做出了深入研究；李继峰等主张把在岗教师的专业成长简化为新手型教师、胜任型教师、骨干型教师、专家型教师四个主要阶段，并对各个阶段所表现出来的特征进行了分析；刘晓明认为将专家型教师的发展过程分为职前阶段、新手阶段、熟手阶段和专家阶段较合适，同时也对各个阶段所表现出来的特征进行了阐释。

审视以上不同研究取向的教师发展阶段理论发现，尽管它们立足不同的视角、依据不同的理论对教师的发展阶段进行了不同划分，但仍表现出了一些相同的地方：其一，将教师职前培养、入职教育及职后培训联系起来，将教师发展视为一个一体化的、持续的专业发展过程；其二，认为教师的专业发展是一个终身的过程；其三，认为教师的专业发展具有阶段性，且各阶段的教师具有不同的特征或特性；其四，认为教师专业发展的动力来自其在环境压力下所产生的需求；其五，关注教师在各个发展阶段的特征；其六，教师专业发展的基本阶段依次为新手型、胜任型、能手型、专家型四个发展阶段；其七，认为教师教育应为教师专业发展提供支持，且应根据教师在专业发展不同阶段所面临的问题和不同需要来实施。不言而喻，以上七点共识，同样适合幼儿教师，同样也是幼儿教师专业发展阶段理论的一部分，同样也是指导幼儿教师教育的基本理论。

第二节　实践性理论

幼儿教师职业是一份实践性非常强的职业，作为一名合格的幼儿教师，必须深谙幼儿的保育和教育工作，显然，在培养学前教育本科专业人才（准学前教育师资或职前幼儿教师）的过程中，理应注重培养职前幼儿教师的实践能力。为此，本节将着重阐述与学前教育本科专业人才培养十分相关的三大教育实践性理论，即幼儿教师教育与生产劳动相结合理论、幼儿教师教育情境构建主义学习理论、幼儿教师教育实践性教学理论。

一、幼儿教师教育与生产劳动相结合理论

教育与生产劳动相结合理论是马克思主义教育的基本思想，也是我国长期教育方针的重要组成部分，马克思、恩格斯立足于人的全面发展和全面教育，从三个方面阐述了教育与生产劳动相结合的理论：第一，教育与生产劳动相结合是改造现代社会最有力的手段之一；第二，教育与生产劳动相结合是提高社会生产力的一种重要方法；第三，教育与生产劳动相结合是培养全面发展的人的唯一方法。

当前，"教育与生产劳动相结合"这一主张已经普遍为"教育要注重理论联系实践"这一原则所代替。其实，这两者的基本含义是一致的，它们都倡导人才的培养不仅要注重理论的指导，还要注重实践的锻炼，通过理论学习与实践训练全面提升人才的知识素质和能力素质。对致力于培养幼儿教师的学前教育专业而言，理当在重视学前教育专业学生知识积累的同时，不忘重视对他们进行未来职业能力的训练。只有通过教育与生产劳动相结合的形式，即高等师范院校的理论学习与幼儿教育一线（尤其是幼儿园）的实践体验相结合，才能更大限度地全面提升学前教育专业学生的职业素质。

二、幼儿教师教育情境建构主义学习理论

建构主义学习理论是20世纪80年代末期参照人脑的机制而构建的学习理论。建构主义学习理论认为，学习不是由教师把知识简单地传递给学生，而是由学生自己建构知识的过程。学生不是简单被动地接受知识，而是主动地建构知识，这种建构是无法由他人来代替的。学习不是学生被动接收信息刺激，而是学生主动地建构意义，是学生根据自己的经验背景，对外部信息进行主动的选择、加工和处理，从而获得自己建构的意义。为此，在教育过程中，教师不能无视学生已有的知识经验，简单、强硬地从外部对学生实施知识的"填灌"。在教育过程中，教师应是学生建构知识的引导者或合作者，学生才是知识的主动建构者。20世纪90年代后，随着建构主义理论研究的不断深入，学术界对学习本质的认识不断加深，情境建构主义学习理论逐渐形成。情境建构主义学习理论认为，学习活动应尽可能在真实的职业环境中进行，学生在真实职业环境中的体验非常重要，这种体验十分有利于学生构建知识，教学有必要在真实的职业情境中进行。同时，情景建构主义学习理论指出，如果学生的学习环境与其未来的工作环境是割裂的，则学生就难以养成在真实职业情境中建构知识的能力。情境建构主义职业教学模式主张以实践为先导，以任务为本位，激发学生的学习动机。目前，高等师范院校在进行学前教育师资职前培训时，课堂教学所占的比重仍然很大，这不仅难以使学生真正掌握专业理论，还容易造成理论与实践的严重割裂。显然，对学前教育专业人才培养来说，通过建构一种有利于学生学习的情境，激发学生学习的主动性与积极性，必然能够促进学前教育专业人才培养质量的提升。

三、幼儿教师教育实践性教学理论

教育实践性教学理论认为,那种将学生在校的学习与未来的工作完全割裂开来,或者认为学生在学校里的学习是为其未来工作做准备,而未来的工作只是运用其在学校里获得的知识的观念在当代已经过时,只有把学生在学校里的学习和其未来的工作结合起来,才符合当代教育发展的趋势。为此,教育实践性教学理论认为,相对课堂学习来说,实践性学习更具有真实性。依据这种理论不难推断,对学前教育专业人才培养来说,由于幼儿教师职业具有明显的实践性,因而在人才培养过程中,理应注重将学校的课程学习与幼儿园的见习及实习结合起来,只有这样,才能更大限度地提高学前教育专业学生的职业能力。

第三节 一体化理论

随着幼儿教育的社会价值日益凸显,幼儿教师的职业地位得以明显提高。在此背景下,有关幼儿教师的素质及其培养问题成为学界普遍关注的焦点。通过怎样的教育途径来提升幼儿教师的素质呢?针对这一问题,诸多学者主张通过一体化的教育途径来培养教师,即倡导幼儿教师教育一体化。培养学前教育本科专业人才,无疑是为培养学前教育师资或职前幼儿教师做准备。为了提高高校学前教育本科专业人才培养的质量,理应以一体化的教师教育理论来指导学前教育人才培养的实践活动。为此,本节将专门对幼儿教师教育一体化理论加以阐述。

一、幼儿师范教育

从词源上看,师范一词最早出自我国西汉扬雄的著作《法言》,其中说道,"师者,人之模范也"。这是我国第一次将师和范联系起来。在现代社会里,师范一词通常被理解为学高为师、身正为范。《现代汉语词典》指出,师范,即学习的榜样。可见,从字面意思上讲,师范教育就是通过教育的途径与方式培养可以作为他人学习的榜样的人。怎样理解师范教育更为合适呢?秦娟娟、姜红贵认为,师范教育主要是指培养专门师资的专业教育,包括职前教师培养、初任教师考核试用和在职教师培训;江玲认为,"师范教育是培养师资的专业教育";蒋涛、胡小京则认为，师范教育是有计划、有目的培养师资的专门实践活动。本书认为，从国内现实看，师范教育有广义和狭义之分。其中，广义的师范教育与当下的教师教育一词是同一个概念，包括师资培养的整个过程，即不仅包括各级各类师资培养机构所实施的教育，还包括教师的入职教育和职后培训；狭义的师范教育特指师资培训机构所实施的教育，即中等师范学校及高等师范院校和普通高等院校中开设的师范类专业所实施的教育。

长期以来，我国一直使用师范教育这一术语而不习惯使用教师教育这一术语，这是我国教师职前培养和职后培训长期互相分离，缺乏相互联系和相互沟通造成的，从而给人留下师范教育只是对教师进行职前培养的印象。我国过去的教师教育事业有这样一个真实写照：过去的师范教育本来包括教师的职前培养和职后培训两部分，但由于教师的职前培养和职后培训长期相对分离、缺乏相互沟通，因而师范教育容易被人误认为其仅是对教师的职前培养。事实上，由于"师范教育"长期以来一直重教师的职前培养而轻教师的职后培训，重理论教学而轻实践教学，因而过去较长时间内一直将师范教育等同于教师职前培养是可以理解的。不过，自从终身教育理念得以倡导以及教师专业化运动得以推动，师范教育这一概念的内涵渐显狭窄而最终被教师教育这一概念所取代。

二、幼儿教师教育

何谓教师教育？《国际教育百科辞典》对教师教育的定义是教师教育或者说教师发展，可以从养成、新任研修、在职研修三方面进行认识；《中国大百科全书》指出，教师教育是指"培养师资的专业教育"；有学者认为，教师教育即在终身教育思想指导下，按照教师专业发展的不同阶段，对教师的职前培养、入职培训和在职研修通盘考虑，整体设计。一般来说，教师教育是对教师职前培养、入职教育和职后培训的统称，是在终身教育理论的指导下，依据教师在专业发展不同阶段的特点，对教师有效实施职前培养、入职教育和职后培训的一体化教育过程。从内容上看，教师教育包括人文科学教育、学科教育、专业教育和教学实践；从顺序上看，教师教育包括职前教育、入职教育和在职教育；从形式上看，教师教育包括正规的大学教育和非正规的校本教师教育；从层次上看，教师教育包括专科层次教师教育、本科层次教师教育和研究生层次教师教育。总的来说，教师教育就是各级各类培养和培训师资的教育，既包括普通教育，又包括成人教育和特殊教育；既包括学前教育、中小学教育，又包括高等教育等师资培养和培训。显然，从师范教育到教师教育并不是简单的概念替换或文字游戏，而是标志着教师培养进入到一个新的历史阶段，是教育发展的内在要求。教师教育更适应当今世界科技知识的更新加速和教育普及程度的提高。教师教育是对师范教育与教师继续教育的统合，是促进这两者相互联系、相互促进的现代教育体制，是对教师职前培养、入职辅导、职后培训的统称，适应了教师职业终身化、专业化、综合化发展的要求。

值得指出的是，教师教育这一概念在我国被使用的时间并不长，甚至可以说还是一个比较新的概念。尽管我国学界自20世纪80年代起便开始倡导以教师教育替代传统的师范教育，但直到20世纪90年代后期，教师教育才逐渐成为我国教育学术界的强势话语，而在国家有关文件中正式引入教师教育这一概念还是21世纪的事情。从已有文献看，我国是在教育部2001年5月29日颁布的《国务院关于基础教育改革与发展的决定》中首次提出教师教育这一概念的。

由师范教育向教师教育的转变，反映了我国教师教育从封闭走向开放、从单一走向多元、从数量走向质量的变革，逐步实现从继承到创新、从垄断到竞争、从地域化到网络化、从标注化到个性化、从知识导向到能力导向、从终结教育到终身教育的转型。

目前，人们对教师教育的理解主要有三种：一是将教师教育作为一种现代教育体制，在教育制度的设计上要实现职前、入职和职后的连贯一致，为教师终身持续的专业发展提供外部条件和组织保障；二是将教师教育作为一种专门的教育体系，在教师培养、培训目标和内容设置上要坚持内在衔接，为教师终身持续的专业发展提供内部依托和设计框架；三是将教师教育作为一种教育活动过程，使教育组织、教育实施及教育评价等活动贯通一体，为教师终身持续的专业发展提供活动载体和实现路径。

三、幼儿教师教育一体化

教师教育一体化的提出，始于20世纪70年代《詹姆斯报告》中的教师教育"三阶段论"：个人教育阶段、准备教育阶段及在职教育阶段。在这种观点得到广泛认同的基础上，联合国教科文组织于1975年召开的第35届国际教育会议通过了《关于教师作用的变化及其对于教师的职前教育、在职教育的影响的建议》，强调了教师培养与进修相统一的必要性。随着终身教育思想深入人心，联合国教科文组织于1996年在《教育——财富蕴藏其中》的报告中提议：把终身教育放在社会的中心位置，重新考虑并沟通教育的各个阶段。自此，教师教育一体化成为各国教师教育发展的总趋势。

什么是教师教育一体化？有学者立足于演绎概念，认为教师教育一体化是指，"为了适应学习化社会的需要，以终身教育思想为指导，依据教师专业发展的理论，对教师职前、入职和在职教育进行全程的规划设计，建立起教师教育各个阶段相互衔接，既各有侧重，又有内在联系的教师教育体系"。有学者立足于归纳概念，认为教师教育一体化包含五个方面的内容：一是纵向意义上的一体化，即打破教师教育职前培养、入职辅导、职后培训的割裂局面，建立一个内部各阶段相互衔接、相互补充的教师教育体系；二是横向意义上的一体化，即充分利用各种教育资源，建立学历教育与非学历教育，正规学校学习与教师自我导向性学习、互助性学习等非正规学习相结合的教师教育体系；三是发展意义上的一体化，即将教师的知识、技术、能力等智力因素发展与态度、情感、意志等非智力因素发展有机地结合起来；四是研究意义上的一体化，即教育的理论研究和实践研究的一体化；五是整体意义上的一体化，即教师教育与学校发展的一体化。可见，教师教育一体化，其实就是为了适应学习化社会和教师专业化发展的需要，以终身教育思想为指导，对教师职前培养、入职教育、在职培训进行整体规划设计，明确不同阶段的目标、任务和要求，并科学设计与之相应的培养模式、课程结构、评价方法等，力求各个阶段相对独立、各有侧重，而又相互衔接、内在一体。首先，培养目标的一体化。实现教师专业化是教师教育的总体目标，实现这一目标要经历职前培养、入职教育、职后培训三个阶段。三个阶段的目标既有一致性，又有差异性，对此必须有清晰的认识和准确的定位。职前教育阶段以掌握知识、技能为主，重在形成教师的基本素质；入职教育阶段重在适应工作环境，积累实践经验，提高在实践中运用知识的能力；职后培训阶段旨在更新知识、提高教学研究和业务能力，引导教师通过不断完善自我、超越自我而逐渐向专家型教师发展。其次，课程结构的一体化。课程结构一体化的重点是实现职前培养、入职教育与职后培训的课程内容相互衔接、相互融通，前期内容要为后续内容奠基，后续内容是前期内容的延续和提高，不是简单化的重复，而是既呈现阶段性又体现整体性。再次，培养过程的一体化。教师的成长是一个持续不断的发展过程，需要经历教师教育专业大学生（师范类专业大学生）、新手型教师、胜任型教师、能手型教师、专家型教师等几个专业发展阶段。强调培养过程一体化，就是要以终身教育理念整体审视、规划教师培养过程，研究教师从前一个阶段发展到后一个阶段的影响因素、内在规律、动力机制以及各阶段教师专业发展的特殊需求，并据此设计教育内容和方法，将培养过程与教师的成长过程密切结合起来，使前者成为后者的"催化剂"和"得力助手"，促使更多的教师成长为专家型教师。最后，师资配置的一体化。建立一支通力合作且各有侧重的、高水平的教师队伍，把最合适的教师用在最合适的地方，从而为教师的专业化发展提供强有力的指导和帮助。

教师教育一体化是"师范教育"向"教师教育"转型的内在诉求，同时又是推动教师教育发展的组织机制保障和主要实现路径，与教师专业化的时代要求密不可分。教师教育一体化是指为了适应学习化社会的需要，以终身教育思想为指导，根据教师专业发展理论，对教师职前培养和职后培训进行全程的规划设计，建立起教师教育各个阶段相互衔接的，既各有侧重又有内在联系的教师教育体系。教师教育一体化又称为一体化的教师教育，其含义有三层：一是职前培养、入职教育和职后提高的一体化；二是中小学、幼儿教师教育一体化；三是教学研究与教学实践的一体化，即师范大学与中小学及幼儿园的伙伴关系。

总的来说，教师教育一体化既是一种教师教育的核心理念，又是一个教师教育的实践方案与行动指南。第一，教师教育一体化要求解决教育理论与教学实践脱节、说与做不统一的问题，通过一体化搭建起连接教育理论与教育实践的桥梁。第二，要打破条块分割的师范教育管理体制，建立统一、协调的领导体制，形成上下结合、内外融通的教师教育网络。第三，突破教师职前培养、入职教育及在职培训相互割裂，不同教育机构相互隔膜的局面，建立职前培养、入职教育及在职培训之间相互融通的教师培养与培训机构。第四，统一规划和设计教师教育的目标和内容，即把职前教师培养、新教师入职教育和在职教师培训这几个阶段的教师教育作为一个系统工程，从培养目标、课程结构、教育内容等方面统筹考虑。第五，重新调整、优化配置教师教育的师资队伍，建立一支职前、入职及职后既有侧重，又有合作的教师教育师资队伍。第六，重新构建各级各类教师教育机构和广大中小学及幼儿园的关系，建立教育理论与教育实践的对话平台。

第四节 幼儿教师的实践性知识观

教师是一种实践性相对较强的职业，需要教师具备相应的实践性知识。教师的实践性知识是教师在实践活动的基础上，经历多次成功和失败后得出的总结。由于"教师的实践性知识是教师专业发展的主要知识基础，在教师工作中发挥着不可替代的作用"，因而，教师要想提升自己的专业发展水平，必须不断地积累自己的实践性知识。作为教师群体的一部分，幼儿教师自然不会例外。显然，在学前教育师资或幼儿教师的职前培养阶段——学前教育专业人才培养过程中，理论应注重以实践知识观为指导，以便促进准幼儿教师实践性知识的积累。为此，本节将专门阐述幼儿教师的实践性知识观。

一、实践与实践性

实践性是指某一事物具有实践的性质或实践的特性，它是相对理论性而言的。何谓实践？从已有文献看，很少有专门阐述这一概念的话题或文章。我国《现代汉语词典（第7版）》指出，实践是"人们有意识地从事改造自然和改造社会的活动"。马克思认为，实践不仅是与认识相对应的范畴，还是人的存在方式。学者郭水兰指出，实践一词有广义和狭义之分。广义的实践是指人们特有的对象性活动，或人们凭借一定的手段有目的地、能动地改造世界的对象化活动；狭义的实践是与理论或认识相对应的范畴，是理论认识的运用，是区别人们以精神或观念的方式把握客体的活动。本书认为，一般来说，实践是相对理论而言的，是人们以一定的方式或手段改造客观世界的能动性活动，这种活动既可以是内隐的心理活动，又可以是外显的行为活动。

二、知识与知识观

知识观是关于知识的观念。英文中的"观念"一词，意指可见的形象，常指思想，有时亦指客观事物的表象在人脑里留下的概括性形象。如果说知识是个体、群体和人类的认识及其结果，那么知识观则是对认识及其结果的再认识，它不是某一具体的知识，而是对知识的一般观念、观点与看法。由于知识观是人们对知识的总的看法和观点,且其中关于知识是什么的问题是知识观的核心内容,因而,下面将重点对此问题加以阐述。

知识是什么呢?对于这个问题,学界大多习惯从哲学视角进行界定。比如,古希腊哲学家柏拉图最早在《美诺篇》和《泰阿泰德篇》中提出,知识就是有理由的真信念,这是西方哲学家的传统看法。又如,美国哈佛大学社会学家丹尼尔·贝尔在《知识的规范》一书中将知识定义为一组对事实或概念的条理化的阐述,它表示一个推理出来的判断或者一种经验结构,可以通过某种信息工具以某种系统的方式传播给其他人。再如,《现代汉语词典(第7版)》中关于知识的解释,即知识是人们在社会实践中所获得的认识和经验的总和。还如,《中国大百科全书·哲学》指出,知识是人类认识的成果,是在实践的基础上产生又经过实践检验的对客观现实的反映。从已有文献及应用实践看,知识的概念与众多概念密切相关,丰富而多义,在不同的语境中有着不同的含义,在不同的场合其用法也不尽相同。比如,在日常语境中,人们常常未做任何区分地使用知识概念,它经常与经验、文化、信念、信息等概念等同使用,因此显得较为模糊、含混,缺乏清晰而准确的定义。教师教育是一项关于知识传承和人才培养的事业,知识的选择、传递、理解、创造、评价是教师教育的基本工作。显然,对知识这一概念的理解与使用是教师教育的起点。那么,在教师教育语境中如何定义知识这一概念更为合适呢?下面先探讨一下界定知识的方法论原则。

第一,适当界定知识的外延。外延是一个概念的基本构成部分,它规定某一概念的指涉范围。由于知识的内涵十分丰富且运用广泛,因而需要当心其外延过宽,出现将知识等同于文化、意识、精神的问题。不过,其外延过窄也不可取,如若将知识等同于科学、真理,就限制了知识的原有范围,无视了多种类型知识的存在。为了恰当定义知识,必须涵盖各种知识类型。目前,有关知识的分类有很多,但一般将知识分为自然科学知识、社会科学知识、人文科学知识、数学知识、哲学知识等类型。

第二,重视知识的形成过程。传统上,知识代表着人类理智活动的成就,是人类认识世界的结果,体现为一些较为稳定、可靠的结论性认识。知识虽然是人类认识的成果,但它还是人类创造活动的结晶。对知识创造过程的关注,凸显了当代知识总体上的丰富性、生动性和动态性。在教师教育领域关注知识的形成过程,有助于将探究精神、能力、智慧引入知识概念,使静态的知识动态化,复现知识多方面的育人价值。

第三，不能忽视缄默知识。所谓缄默知识，也称默会知识或意会知识，即只能意会、体验而不能言传的知识。这类知识尽管不是知识的主体，但由于是人类知识的一种形态与样式，因而不可忽视。缄默知识虽然不易表述，但仍然能够或多或少地被部分表述，否则这种知识将因不可捉摸而不会引起人们的关注。为此，在定义知识的概念时，既要充分重视具有言说性质的知识（简称"言说知识"），又要充分重视缄默知识。

第四，外在与内在的统一。从其内容来看，一方面，知识具有外在性。尽管知识是人类创造活动的结晶，但它不是人类内在的纯主观活动的产物，而是有其外在的客观基础的。此外，知识的外在性还体现在它可以凭借语言和文字以声音、符号、图画等形式表达出来，以信息的形式储存在磁带、光盘、图书、报刊之中。另一方面，知识具有内在性。所谓内在性是指知识内在于人的主观能动创造，是人类改造自然界、创造社会、创造思维的结果。显然，外在性和内在性同为知识的基本属性。

由此出发，本书对知识下这样的定义：所谓知识，是人类在改造自然界与人类社会及发展思维的实践中产生或形成的，能够运用某种方式表述的，有关人类自身内部、外部世界的认识、体验、活动操作等种族与个体的经验。

三、实践性知识观

实践性知识观是关于实践性知识的观点或理论。实践性知识观指出，知识分为理论性知识和实践性知识两种，理论性知识通过理论学习而获取，实践性知识必须通过个体亲身实践体悟才能获得，且实践性知识具有个体性、经验性、情境性、缄默性及非结构性等特征。

第一，实践性知识具有个体性。知识是人类在实践活动中形成的，不同的个体，由于其经历的具体实践不同，因而所获得的实践性知识也有差异。正如美国教育家埃贝尔所说："一个人经验（直接的或间接的）和记忆的一切内容，都可以成为他知识的一部分。如果经验和记忆的内容被整合进他自己的知识结构中，记忆内容就成为知识的一部分。但这只能由学习者自己来做，别人无法越俎代庖。"实践性知识具有个体差异性，不同的个体，其拥有的实践性知识是不同的。

第二，实践性知识具有经验性。实践性知识是个体在经历某种实践活动的过程中或完成某种实践活动之后形成的，是个体对某种实践活动的真实体验与体悟，明显具有经验性。一个人的实践性知识必须依靠他本人亲自体验与体悟之后才能形成，其他人不能代替或包办，否则就不是他本人的实践性知识而是他人的实践性知识。实践性知识不是某种客观的和独立于个体之外而被习得或传递的东西，而是个体经验的全部。

第三，实践性知识具有情境性。一方面，个体的实践活动离不开具体的情境，即个体的实践活动必然发生在某种具体的情境之中，若缺乏某种具体情境条件做支撑，相应的实践活动就将难以产生或根本不可能产生。为个体提供相应的情境条件，是个体形成相应实践性知识的前提。另一方面，与理论知识相比较而言，实践性知识是一种不确定的情境性知识，与特定情境问题的解决有关。

第四，实践性知识具有缄默性。实践性知识是个体对自身实践活动的体验与体悟，其中的诸多体验与体悟是难以用言语表达的，只能通过意会的方式表达。如果某种实践性知识的全部内容均能用言语的方式表达出来，则这种实践性知识就上升为一种理论性知识。

第五，实践性知识具有非结构性。个体的实践性知识是一种实践智慧，具有较大的灵活性，在不同的具体实践活动中必须灵活地运用。

四、幼儿教师的实践性知识观

教师的实践性知识观是关于教师实践性知识的看法和观点。最早提出教师具有"实践性知识"这一观点的是国外学者埃尔巴兹，他指出，"教师拥有一种特别的知识，它通过实践行为以及对这些行为的反思来表达。这种知识难以编码，是经验性、内隐的，它源于对实践情景的洞见"。实践性知识观强调教师的专业知识是教师在体验与反思的基础上主动构建的，具有个体差异性。值得指出的是，在国内外已有的相关文献中，学者们对"教师实践性知识"的称谓不尽一致，如教师实践知识、教师实践性知识、教师缄默知识、教师缄默性知识、教师实践智慧、教师个人知识、教师个人教育知识、教师个人理论、教师个人实践理论等，本书采用教师实践性知识这一提法。

（一）教师实践性知识的基本特征

1. 实践性

柯兰迪宁认为，教师实践性知识是从经验中出现且在教师个人行动中表现出来的有意识或无意识的信念体。教师实践性知识直接与教师的"三教"（教思考、教体验、教表达）实践相联系并服务于教师的"三教"实践。这意味着，教师实践性知识是在实践中建构、关于实践且指向实践的知识。即"三教"实践是教师建构与展示实践性知识的基本平台，若离开这个平台，教师实践性知识不但难以构建而且难以找到"用武之地"。

2. 个体性

教师实践性知识是教师自己的，来自教师自己的教育教学经验，饱含着教师个体的主观经验、热情、情感、信念与价值观等，具有鲜明的个性化色彩。对每一位教师而言，教龄不同、阅历不同、工作经历不同、个人能力不同、思维方式不同及行为特征不同等，都会导致不同的教师个体对同样的实践性知识具有不同的表达方式。

3. 情境性

教师实践性知识通常形成于特定的教育情境之中，打着特定的教育情境的印记。生命存在的意义是以生命与境遇的内在融合性和整合性为前提的，社会问题最初产生于并将最终落实于具体的境遇中，必须由个人凭借自己的见解、判断和选择来解决。教师在特定的校园里、在特定的教室中，以特定的教材、特定的学生为对象进行工作时，相应就会形成其"三教"实践活动所具有的特定教育情境。这些特定的教育情境由于是丰富、鲜活、多样的，因而赋予了教师实践性知识形成的情境性。

4. 默会性

从知识的存在方式和可传递性角度而言，教师实践性知识的大部分是具有个人品格的、隐性的和不易传递的默会知识。对教师来说，他们有时候并不能清晰地表达出他们的"三教"实践经验与生活经验，以及在此基础上形成的对"三教"实践活动的体悟。因而，这些实践性知识变成了一种默会知识。

5. 整体性

教师的"三教"实践总是在整体地发生着。在丰富、鲜活、生动的"三教"实践现场中，教师面对的不仅是学生个体的多样性、教育教学情境的不确定性，还有诸多复杂的相关因素，为此，教师必须整合自身的多种知识、多种能力、多种品格，才能完成"三教"实践活动。正是在这种整体性参与的"三教"实践中，教师才逐渐建构起实践性知识。可见，教师实践性知识其实是一个具有整体性的、复杂的知识群。

6. 创造性

由于教师实践性知识具有个体性，因而，不同的教师个体拥有不同的实践性知识。教师实践性知识可以被借鉴和模仿，但不可以被复制和重现。即使是教师个人，也不可能机械地沿袭或套用自己过去的教学方式，这是因为：一方面，教师面对的工作对象——学生，具有明显的动态性和差异性；另一方面，"三教"实践所面临的问题总是不可重复、变化多端的。这就决定了教师的"三教"实践活动必然是一种创造性活动。

7. 发展性

教师实践性知识真实与否、有用与否，还有赖于教师在下一次"三教"实践活动中进行检验和完善，可见，不像理论性知识证实的过程——只是回头验证一个已经存在的、脱离现实情境的观念或思想。教师实践性知识是一个动态生成、不断丰富的过程。此外，教师实践性知识不像理论性知识那么固化、静态、确定、精准。当教育问题需要立刻解决时，教师的行动具有紧迫性，其实践性知识也具有行动的逻辑。而理论性知识具有纯思辨的逻辑，不必过多考虑行动的步骤、程序和紧迫性。

（二）教师实践性知识的增进途径

要想提升教师的专业实践能力，必须增进教师的实践性知识。加强教师的实践反思、创建教师共同体、强化教师培养的实践环节等，是增进教师实践性知识的基本途径。

1. 加强教师的实践反思

一般来说，只要具有一定"三教"实践经历的教师，都或多或少具有一定的实践性知识。起初，这些实践性知识大多是零散的、感性的，但经过教师自己反思总结后就可能比较系统、比较理性，进而就会对教师今后的"三教"实践具有指导价值。为此，通过一定的方式，激励教师积极主动地反思自己的"三教"实践，以之增进教师实践性知识，十分必要。

2. 创建教师共同体

由于教师实践性知识具有明显的个体性与情境性特征，因而一旦遇到复杂的"三教"问题情境，单个教师往往会出现无助感。然而，在平等、合作的原则下构建教师共同体，将可以促使教师通过研讨、协商、支持等方式共同探索与解决"三教"问题。不言而喻，在教师共同探索与解决"三教"问题的过程中，他们各自的实践性知识都将会得到明显的增进。

3. 强化教师培养的实践环节

教师实践性知识是教师在大量实践体验中产生的，为增进教师实践性知识，有必要强化教师职前培养、入职教育及职后培训等各阶段的实践环节。比如，在入职教育及职后培训阶段，调整教师培养的课程结构，增加教学技能和微格教学培训的课时量；在职前培养阶段，延长教育实践的时间长度，保证教育见习与教育实习的有效性；等等。

第五节　职业能力形成

能力是在先天素质的基础上，通过知识学习、品性修养、技能训练及整合与类化形成的。知识与技能的形成和品性的养成是幼儿教师教育内容和方式选择的理论依据之一。

一、知识的学习

知识是个体通过与其环境相互作用后获得的信息及其组织，个体要完成某些工作任务的前提是必须具备相应的知识。知识有不同的形式，人们常将知识分为陈述性知识和程序性知识。陈述性知识用于说明事物是什么、怎么样、为什么等问题，如陈述某种观点、意见，陈述某种事实；程序性知识主要回答做什么、怎么做，是一种实践性知识，也称为操作性知识。

当人掌握了某种知识，就会运用这些知识指导自己的活动，这些知识就会参与有关活动的调节。从这个意义上来说，知识是活动的自我调节机制中一个不可缺少的构成要素。而能力作为个体心理特征，对活动的进程及方式起着稳定、调节与控制作用，是系统化、概括化的个体经验。由此可见，知识是能力基本结构中不可缺少的组成部分。能力的形成和发展与知识的获得和积累是分不开的。这就意味着要想提高能力，仅仅单独训练技能（心智技能、操作技能）是不够的，必须有一定的知识做后盾。

知识的学习主要是指知识的掌握，是职业能力形成和发展的第一个阶段。在这个阶段中，新信息进入短时记忆，与来自长时记忆的原有知识建立一定的联系，并纳入原有的命题网络，从而得到理解。个体通过类比、归纳及结合等内在同化过程获得知识，并且运用记忆规律促进知识的保持，用所学知识解决类似或同类课题，做到了知识的迁移和应用。因此，人们一般把学习划分为习得、巩固和转化、应用三个阶段。

（一）习得阶段

在学习目标的指引下，学习者有选择地接受新的知识，并使其与原有知识相互联系、相互作用，然后被储存下来。习得是知识掌握的首要环节，指为了懂得词所标志的事物的情形、性质，对事物获得间接认识的过程。该阶段是新知识习得的第一阶段，陈述性知识和程序性知识尚未分化，所有的知识都是陈述性的。对程序性知识来说，习得的是它的前身，即程序性知识的陈述形式。

（二）巩固和转化阶段

在这个阶段，新知识有两种发展方向：一部分知识被储存下来，通过恰当的复习，成为知识结构中新的有机组成部分，有的甚至能改变原有的知识结构，并得到巩固；另一部分知识经过各种变式练习，转化为程序性知识。复习使知识得以巩固，是知识由第一阶段的陈述性形式转化为第二阶段的程序性形式的重要条件。知识如果不经过巩固和转化，就会被遗忘。

（三）应用阶段

在应用阶段，不同类型的知识被用来解决不同的问题：陈述性知识用来解决"是什么"一类的问题，程序性知识用来解决"怎么办"的问题。陈述性知识的提取是一个有意识的、依据线索进行的过程，程序性知识的提取往往是一个快速、自动化的激活过程。

二、技能的学习

技能是通过学习而形成的合法则的活动方式，具体表现为个体在特定目标指引下，运用已有的知识经验，通过练习而形成的趋于完善化、自动化的智力活动方式和肢体动作方式的复杂系统。例如，操作机器设备的技能、写作技能、绘画技能、音乐技能、教学技能等。

知识是在人脑中形成的经验系统，是对经验的概括，而技能则是个体固定下来的动作系统或心智模式，是对动作和动作方式的概括。但是知识的领会与技能的形成是相辅相成的。领会某种知识需要某些已形成的基本技能，掌握某种技能要以程序性知识的掌握为前提，一般通过感性认识（看或听）、模仿（学习）、练习反馈等过程由不会到会再到熟练，从而达到自动化式的定型。熟练的、自动化的、定型的技能往往具有迅速性、流畅性、同时性、经济性和适应性等特点。

按技能的性质和特点，可以将技能分为操作技能和心智技能。

（一）操作技能

操作技能又称运动技能或动作技能，是指将一系列实际动作以合理、完善的程序构成的操作活动方式，是通过学习而形成的合法则的操作活动方式，是由一系列外部动作构成的。日常工作和生活中的许多技能都是操作技能。例如，音乐方面的吹、拉、弹、唱，生产劳动方面的焊、磨，办公方面的打字、复印、传真，农业方面的播种、施肥、收割，医护方面的打针、化验，体育方面的跑、游泳等。

操作技能具有以下三个特点。

首先，就动作对象而言，操作技能的活动对象是物质性客体或肌肉，具有客观性。

其次，就动作进行而言，操作动作的执行是通过外部显现的肌体运动实现的，具有外显性。

最后，就动作的结构而言，操作活动的每个动作必须切实执行，不能合并、省略，在结构上具有展开性。

在操作中，身体的肌肉骨骼运动起主导作用，而感知、记忆、想象和思维是次要的。例如，电子产品装配工人将产品的组装方式"记忆""固化"在手指上。

操作技能的学习可分为操作的定向、操作的模仿、操作的整合和操作的熟练四个阶段。

1. 操作的定向阶段

操作的定向指了解操作活动的结构与要求，在头脑中建立起操作活动的定向映像的过程。虽然操作技能表现为一系列的操作活动，但学习者最初必须了解做什么、怎么做，即首先要掌握程序性知识。程序性知识不同于操作技能，程序性知识是操作活动的定向映像，而操作技能是实际的操作活动方式，如有哪些要素构成某一操作活动，操作的全过程是如何进行的，各动作要素间的关系和顺序如何，操作的最后结果是什么，使用什么工具，采用哪些工作方式、方法，如何自我检查防止错误等。操作定向是操作技能形成过程中的一个重要环节，使学习者知道做什么、怎么做。准确的定向映像可以有效地调节实际的操作活动，缺乏定向映像的操作活动经常是盲目的尝试，效率低下。因此，不能忽视该环节在操作技能形成过程中的作用。

2. 操作的模仿阶段

操作的模仿即实际再现出特定的动作方式或行为模式。个体在定向阶段了解了一些基本的动作机制，而在模仿阶段则尝试做出某种动作。因此，模仿是在定向的基础上进行的，缺乏定向映像的模仿是机械的模仿。操作技能最终表现为一系列合法则的操作活动方式，仅在头脑中了解这种活动结构及其执行方式是不够的。如果没有实际的操作，那么始终是纸上谈兵，不可能形成动觉体验，也不可能形成操作技能。因此，模仿的实质是将头脑中形成的定向映像以外显的实际动作表现出来，只有实际做出合法则的活动，才算是掌握了操作技能。通过模仿，个体可以检验已形成的动作定向映像，使之更完善、更巩固，有助于定向映像在形成过程中发挥更有效的作用。模仿还能加强个体的动觉感受，把知转变为行，将头脑中各种认识与实际的肌肉动作联系起来。

3. 操作的整合阶段

操作的整合即把模仿阶段习得的动作固定下来，并使各动作成分相互结合，成为定型的、一体化的动作。由于学习者在模仿阶段只是初步再现定向阶段所提供的动作方式或模式，故动作整体水平较低。整合一方面使动作水平得以提高，动作结构趋于合理、协调，动作的初步概括化得以实现；另一方面也使个体对动作的有效控制逐步增强。因此，整合是操作技能形成过程中的关键环节，它是从模仿到熟练的一个过渡阶段，也为今后能熟练地操作打下基础。

4. 操作的熟练阶段

操作的熟练指所形成的动作方式对各种变化的条件具有高度的适应性，动作的执行达到高度的完善化和自动化。操作的熟练是操作技能形成的最后阶段，也是由操作技能转化为能力的关键环节。在这个阶段，各个动作联合成为一个整体，相互协调，熟练程度逐渐提高，动作技能接近自动化。操作技能形成的过程同时也是心理和动作变化的过程。

（二）心智技能

心智技能也称智力技能、认知技能，是一种思维的技能，是人们利用所掌握的知识和经验，借助于内部言语在头脑中默默地对事物的印象进行加工改造的过程，是指观察、分析、判断和决策的能力。心智技能具有三个特点：第一，动作对象的观念性；第二，动作执行的内潜性；第三，动作结构的简缩性。心智技能的掌握一般要经过以下几个阶段。

1. 原型定向阶段

原型也叫"原样"，通常指那些被模拟的某种自然现象或过程。心智活动具有观念性、内潜性和简缩性等特点，不容易被人直接感知、把握，但也有外化的物质活动原型，包括实际的操作活动程序、实践模式等。原型定向即了解这种实践模式，了解动作结构、各动作成分及其顺序等。通过原型定向，个体在头脑中形成了有关活动方式的定向映像，而这种定向映像一旦建立，它就可以调节以后的实际心智活动，这也是心智活动产生的基础。

2. 原型操作阶段

原型操作即把头脑中建立起来的动作程序以外显的方式付诸实施。在该阶段，活动的方式是物质化的，即运用图片、文字、模型、示意图等外部语言通过外显的方式一步步执行。在操作的开始阶段，需要逐步展开，并不断变更活动对象，也就是说，学习者将心智活动的实践模式应用于多个问题的解决，以便为将来的内化提供基础。个体在这个阶段的活动是展开的、外显的，个体依赖实践模式进行活动，并经常借助于外部语言的引导和外部辅助手段。

3. 原型内化阶段

原型内化即心智活动的实践模式向头脑内部转化，借助于内部言语，个体可以在头脑内部进行程序化的心智活动，而且能以非常简缩、快速的形式进行。当面临一个问题时，个体摆脱了实践模式，不必以言语表述出活动程序的每一步，动作也不必一一展开，有些步骤还可以交叉或同时进行。有时个体自身都难以意识到操作的每一步，但实际上确实是按照该活动的程序进行的。在这个阶段，个体摆脱了实践模式，已经将实践模式内化为一种熟练的思维活动方式。最初个体面对新任务时，始终复述任务的规则，但随着不断的练习，渐渐不再复述规则，这便是内化的一个标志。

在理论上，心智技能需要经过以上三个阶段才能形成，但若构成心智技能的某些阶段或部分已经为个体所掌握，个体则可以利用迁移的规律，而无须机械地重复上述三个阶段。

操作技能与心智技能是相辅相成的。操作技能是心智技能最初形成的依据，

· 55 ·

同时也是心智技能的具体表现,而心智技能则对操作技能具有指导、调节与升华的作用。

三、品性的养成过程

品性是在对人、对事的态度和行为方式上所表现出来的心理特点。态度的一贯性是品性的表现,品性的养成基于态度的形成和改变过程。态度的外显性,使品性的培养与评价成为可能。

心理学研究认为,态度是通过学习形成的影响个体行为选择的内部准备状态或反应的倾向性。它包含认知成分、情感成分和行为倾向成分。

认知成分是个体对态度指向对象带有评价意义的观念和信念。不同个体的态度中所含的认知成分不同,如有的人可能基于正确的信息,有的人则可能基于错误的信息;有的人基于理性的思考,有的人则基于情感冲动。

情感成分指伴随着态度的认知成分而产生的情绪或情感。

行为倾向成分指个体所表现出来的行为意图,即准备对特定对象做出的某种反应。

职业态度除包括一般意义的态度外,还包括职业精神(敬业精神、创业精神)、职业信念、职业道德等。职业态度是各行各业对从业者特殊的素质要求,是指人们在一定生理和心理条件基础上,通过教育培训、职业实践和自我修炼等途径形成和发展起来的,在从事专门工作中内在的、稳定的、经常起作用的品质。

态度不是先天的,而是社会性学习的结果。个体在家庭、学校、社会等不同情境的作用下,通过他人的社会示范、指导、忠告,将社会的要求内化为自身的态度,并在一定条件下迁移和改变。

一般认为态度的形成和改变要经过顺从、认同和内化三个阶段。

(一)顺从

顺从是表面接受他人的意见或观点,在外显行为方面与他人一致,而认识与情感上与他人不一致。在这种情况下,个人态度是在外部压力下形成的,主要受外部奖励与惩罚的影响,态度会随外在情境的变化而变化。

(二)认同

认同是指不受外界压力的影响,个体在思想、情感和态度上主动接受他人或集体的影响。

（三）内化

内化是将自己所认同的思想和自己原有的观点、信念融为一体，在思想观念上与他人的思想观点一致，构成一个完整的价值体系。在内化的过程中会解决各种价值的矛盾和冲突，当个人按照自己内化的价值行动时，会感到愉快和满意。而当出现了与自己的价值标准不同的行动时，会感到内疚、不愉快。这代表着稳定的态度形成了。

第三章 学前教育专业教师职业能力分析

第一节 职业能力形成模型分析

一、职业能力形成模型

(一) 能力的内涵

职业能力是一种能力。对能力的理解，直接影响对职业能力内涵的界定。随着社会和科学的发展，人们对能力的理解不断深化。从心理学角度来说，能力指顺利地完成某种活动所具备的稳定的个性心理特征。

早期心理学家强调能力的遗传性，即能力是"天生"的。20世纪60年代，有人通过血缘关系越近、智商相关性越高的研究，说明了遗传的作用；又通过调查发现无血缘关系而在一起生活的人其智商有中度相关性，说明了环境对能力形成的重要作用。

由于对能力理解的角度不同，因此产生了对能力的多种分类。心理学家根据能力的掌握情况以及是否具有掌握的可能把能力分为显能和潜能。"显能"指一个人现在已经具有的现实的能力；"潜能"也称为能力倾向，是指一个人经过进一步的学习和训练而达到更高水平的可能性。潜能也强调先天的因素，认为一个人如果具有某方面的能力倾向，经过学习和训练，就易于获得优异的成绩。教育工作者的重要任务之一，是挖掘学生的潜能，了解受教育者的现实能力，认识其近期发展的可能性，并创造条件，通过训练，将这种可能性转化为现实能力，并使学生在完成某一任务向另一任务的迁移中发挥主观能动性。

20世纪70年代，美国著名心理学家麦克里兰提出能力"冰山模型"。所谓"冰山模型"，就是将人员个体素质的不同表现方式划分为表面的"水平面以上部分"和深藏的"水平面以下部分"。其中，"水平面以上部分"包括基本知识、基本技能,是外在表现,是容易了解与测量的部分,相对而言也比较容易通过培训来改变和发展。而"水平面以下部分"包括自我概念、特质和动机,是人内在的、难以测量的部分。它们不太容易通过外界的影响而得到改变,但却对人员的行为与表现起着关键性的作用。这一模型为职业能力的培养和评价提供了借鉴。

能力是完成一定活动的本领,包括完成一定活动的具体方式,以及顺利完成一定活动所需要的心理特征,这已经成为众多学者的共识。学者罗树华等人认为,"所谓能力,是以人的一定生理和心理素质为基础,在认识和实践中形成、发展的完成某种任务的能动力量"。学者康锦堂通过对活动、知识和技能的分析来对能力进行定义,"能力是驾驭知识和技能顺利完成活动的必要的心理特征"。这种定义较好地说明了能力的实质,指出能力与知识、技能的关系,明确了能力与活动的关系,是一个比较有操作性而且比较直观的定义。

综合上述定义,本书认为,能力是个体的心理特征,知识和技能都是能力的要素,缺乏必要的知识和技能,相应的能力也就不存在了。能力具有以下特点:能力是知识和技能的有机结合,需要一定的知识和技能来支撑;能力是直接影响活动目标是否实现及其成效的个性心理特征;能力是一定活动情境中的能力,离开活动也就无所谓能力;能力是在人生理素质的基础上,经过教育与培养,并在实践活动中吸取他人的智慧和经验而形成和发展起来的,能够通过实践活动获得提高。

(二)职业能力的构成

职业能力是人们从事一门或若干相近职业所必备的本领,是个体在职业、社会和私人情境中进行科学思维,对个人和社会负责任地行事的热情和能力,是科学地工作和学习的基础。按照不同的分类依据,可以对职业能力从不同的方面进行分类。不管如何分类,职业能力都应该被理解为一个"整体",而不只是"各部分之和",即个体通过融合一系列知识、技能和态度来发挥更具技术含量的作用,而不仅局限于完成个别任务。

德国的"职业行动能力模型",体现了德国职业教育界对职业能力的理解。"职业行动能力"是指个体在职业情境中熟练而职业化的、经过深思熟虑的以及承担社会责任的行动的本领和状态。这里的"行动"包括个体的主观意识行动和个体的客观意识行动,即要实现动作行动与心智行动的整合。职业行动能力不只关注操作技能本身,还全面、深入地分析影响操作技能养成的诸多方面。因此,其仍然是一个包含着不同维度的知识、技能与行为的整体性概念。德国职业能力的基本结构可从纵横两个维度进行分析，其中，纵向可分为基本职业能力和综合职业能力即关键能力，横向则包括专业能力、方法能力和社会能力。

1. 基本职业能力

基本职业能力即从业能力是劳动者从事一项职业所必须具备的能力，包括与具体职业密切相关的专业能力、发展能力和社会能力。

（1）专业能力

专业能力是指在专业领域内，人们从事生产、管理、服务等职业活动所需的能力，包括从事职业活动所需要的技能及其相应的知识，是职业活动得以进行的基本条件，是劳动者赖以生存的基础能力和核心本领，在整个能力结构中处于核心地位。合理的"知能"结构、专业的应用性和针对性是对专业能力的基本要求。

（2）发展能力

发展能力是指建立在职业素质基础上，使工作能够延续且能够适应经济和职业发展要求而不断获得增强和发展的能力。它侧重表现为方法能力和社会能力的进一步发展，同时也是具体的专业能力的抽象。发展能力的结构可以从三个层次来建构：从身心素质发展的角度看，即要具有保持身心健康的知识和能力，养成良好的生活和工作习惯，实现身心发展的可持续性；从专业素质发展的角度看，即要求具有长远的规划能力，自我获得和更新知识、技能的能力，具有不断学习的能力，由此实现专业发展的可持续性，在知识创新和技术更新不断加快的现代社会，提高自身的学习能力、实践能力和创新能力无疑成为个人发展的必然选择；从个人与社会发展的关系角度看，由于在每个人一生中的不同时期，社会化的要求和内容都会有所不同，要想保持个体社会化的可持续性，个体必须具备一定的自我调适、适应社会伦理需要、跟上时代发展的步伐的能力，从而实现职业社会化的可持续性。

（3）社会能力

社会能力是指具备从事职业活动所需要的人际交往能力、处理公共关系的能力，即组织协调能力、交往合作能力、适应转换能力、批评与自我批评能力、口头与书面表达能力、心理承受能力等。它既是基本生存能力，又是基本发展能力，是劳动者在现代社会中必须具备的基本素质。积极的人生态度、对社会的适应性以及规范的社会行为是对社会能力的基本要求。

虽然个人所从事的工作不同，对以上三个方面的侧重点也有所不同，但无论从事何种职业，都将无可避免地涉及以上三个方面能力的使用和开发。

2. 关键能力

关键能力也常称为综合职业能力、跨职业能力，是基本职业能力的纵向延伸。它源于基本职业能力但高于基本职业能力，与专门的职业技能和知识无直接关系，包括超越具体职业技能与职业知识范畴的专业能力、发展能力和社会能力。

（1）专业能力

关键能力层面的专业能力是指职业的适应能力，对新技术的理解、接受能力，提出合理化建议的能力，以及具有的质量意识、经济意识、安全意识、时间意识等。

（2）发展能力

关键能力层面的发展能力是指全局与系统思维，逻辑与抽象思维，联想与创新思维，信息的获取、决策、评价与传递，目标辨识与定位等。

（3）社会能力

关键能力层面的社会能力主要是指社会责任感、群体工作的协调与仲裁、宽容能力、心理承受力、参与意识、成功欲、自信心、主动性、积极性、灵活性、语言及文字表达能力等，是基本职业能力层面的社会能力的进一步发展。

关键能力主要指劳动者能够独立思考、独立工作，勇于承担责任，善于交流合作，具有较强的学习能力，能够不断获得新的职业知识和技能，能够应对变化多端的环境。在当今瞬息万变的社会中，关键能力对劳动者的发展具有非常重要的意义。

二、能力的形成机制

个体习得知识、技能并能简单应用，并不代表已经具备了能力。个体需要参与到模拟的职业情境或特定的职业活动中，通过对已有知识、技能等的迁移、整合，才能形成职业能力。

（一）迁移

学习迁移也称训练迁移，是指一种学习对另一种学习的影响，或已经获得的知识经验对完成其他活动的影响。迁移不仅发生在知识和技能的学习中，还体现在态度与行为规范的形成中；不仅表现为先前学习对后继学习的影响，还表现为后继学习对先前学习的影响，这种影响可以是积极的，也可以是消极的。

人只要学习就会产生学习迁移。由于学习既包括知识、技能、能力的学习，又包括情感、态度、行为方式的学习，因此，迁移广泛存在于各种知识、技能、行为规范与态度的学习中。例如，一个掌握数学中因式分解技巧的学生，解任何因式分解题都显得游刃有余；学生学习了数学的基础知识，有助于对物理和化学中的一些数量关系和方程式的理解。这些都属于在认知方面发生的迁移。棒球选手打高尔夫球也会打出高水平；学会拉二胡的人，学拉小提琴就比较容易。这些主要是技能学习领域的迁移。态度与行为规范方面的迁移在日常生活中也是普遍存在的。例如，在家爱做家务的人，在工作上也比较勤快；一位不喜欢学习英语的学生，在多次得到英语老师关心和帮助之后，对学习英语的态度会发生改变等。这些都属于态度与行为规范领域的迁移现象。迁移表明了经验间的相互影响。通过迁移，各种经验得以沟通，经验结构得以整合，便于综合能力的形成。

1. 迁移的分类

迁移普遍存在，表现形式也多种多样，不同的迁移类型有不同的实现过程和条件。因此，对迁移进行划分，有助于寻找产生迁移的最佳途径。

除了以上几种主要的迁移分类外，还可根据迁移的内在心理机制，把迁移分为同化性迁移、顺应性迁移与重组性迁移；根据发生迁移的学习领域，将迁移分为认知的、运动技能的和情感态度的迁移；根据迁移的范围，将迁移分为近迁移与远迁移。不论何种迁移都有积极和消极之分，即正迁移与负迁移。

2. 迁移的作用

迁移是一种重要的学习能力。是否发生迁移、迁移的效果如何，直接影响着学习效率和效果。如果个体在某一学科中习得的知识、技能或态度，能够运用于其他的学科或工作、生活情境之中，那么这些已经获得的知识、技能就能举一反三地创造出新的经验或成果，可以加快学习进程。

迁移对于提高解决问题的能力具有促进作用，是能力形成的重要环节。能力是通过对所掌握的知识加以概括，然后广泛地迁移，并进一步概括化、系统化而形成的。迁移是由知识的掌握过渡到能力形成的重要环节。在学校中大部分的问题解决是通过迁移来实现的，迁移是学生进行问题解决的一种具体体现。学生将校内所学的知识技能用于解决校外的现实问题同样也依赖于迁移。从某种意义上说，能否形成多种学习间的积极迁移，决定着学生在校学习的效率。只有通过积极迁移，学生才能使已有知识、技能得到进一步检验、充实与熟练；只有通过积极迁移，学生才能在已有知识、技能概括的基础上形成能力。因而，职业教育必须从迁移能力的培养入手，以培养和提高学生解决问题的能力。

（二）整合

整合是经验的一体化现象，即通过分析、抽象、综合、概括等认知活动，使新旧经验相互作用，从而形成在结构上一体化、系统化，在功能上能稳定调节活动的一个完整的心理系统。整合可通过同化、顺应与重组这三种方式实现。

1. 同化

同化是指不改变原有的认知结构，直接将原有的经验应用到本质特征相同的一类事物中，以提示新事物的意义与作用，或将新事物纳入原有经验结构中。

2. 顺应

顺应是指将原有经验应用到新的情境中时所发生的一种适应性变化，即当已有经验结构不能将新事物纳入其结构时，需调整已有的经验或对新旧经验加以概括，以形成可以包含新旧经验的更高一级的经验结构，以适应外界的变化。

3. 重组

重组指重新组合原有经验系统中某些构成要素或成分，调整各成分间的关系或建立新的联系，从而应用于新情境。在这个过程中，基本的经验成分不变，只是调整或重组了各成分之间的结合关系。

同化和顺应这两种整合方式能促进新旧经验的概括化，重组可以促进经验的系统化，不断迁移使得经验得到整合，经验系统逐步概括化、系统化，并最终形成能力。

三、教师职业能力模式

教师职业能力是指教师顺利完成教学活动所必需的特殊能力，是教师通过教学实践将个人能力和教学所需的知识、技能相结合而转化成的一种职业素质。教师作为一种职业，其职业能力必然也包括专业能力、社会能力、发展能力，也遵循知识、技能、品性和能力形成的基本规律。由于其职业活动对象及工作性质不同，其职业能力构成与其他职业相比又具有一定的特殊性，这种特殊性主要表现在教师的专业能力上，因此在构建教师职业能力形成的一体化模式时，本书将重点从影响教师专业能力的知识、技能出发进行论述。

教师职业能力是具有特定功能的整体结构，是一个内容和结构的统一体，其内部包含各种要素，这些要素不是简单的累加，而是相互影响和关联的，教师某一方面的素质很难离开其他素质而单独存在和发挥作用。其中，态度是教师从事教育工作的理性支点及根本动力，知识是教师从事教育工作的前提条件，技能是教师从事教育活动的核心要素。

第二节　教师专业能力的模型与结构分析

一、教师的本体性知识与技能

（一）学科知识与技能

教师的本体性知识是指教师所具有的特定的学科知识，如语文、数学、社会、健康、艺术、科学等领域的知识。这是人们所普遍熟知的一种教师知识，是教师知识的"主干"部分，是教师胜任教学工作的前提性知识。掌握"本体性知识"，能使教师准确无误地把本学科的知识传授给学生。

在一般意义上，教师的学科知识应包括四个方面。首先，教师应对学科的基础知识有广泛而准确的理解，熟练掌握本学科相关的技能、技巧。其次，教师要对与该学科相关的知识，尤其是相关点、相关性质、逻辑关系有基本的了解。再次，教师需要了解该学科的发展历史和趋势，了解推动其发展的因素，了解该学科对于社会、人类发展的价值，以及在人类生活实践中的多种表现形态。最后，教师需要掌握学科所提供的独特的认识世界的视角、界限、层次及思维的工具与方法，熟悉学科内科学家的创造发现过程和成功原因，以及在他们身上展现的科学精神和人格力量，这对于增强学生的精神力量和创造意识具有重要的价值。

教师的学科知识不仅包括一门学科的概念、原理、理论等内容本身，还包括概念与概念之间、原理与原理之间是如何联系起来的知识，即教师掌握的学科知识不仅包括该学科的概念体系，还包括这个概念体系是如何构建起来的，也就是对该学科的事实性的认识。这种认识是生活化的，即隐性的，但它却在教师学科知识中占有非常重要的地位。

教学中过分强调一个学科的概念、原理，会导致一种畸形的教师知识结构，也会导致一种畸形的课程。以概念为核心的体系化的知识，对于人类摆脱愚昧起过很重要的作用，但若一味强调教师的这种知识，必然会让教育失去它该有的魅力。也就是说，一个教师仅下功夫学习概念性学科知识是不够的，还必须掌握如下两方面的技能。

一是将知识归纳为理论的技能。

教师掌握了一定的学科知识，但并不意味着其具有归纳知识并将其上升为理论的能力。为了帮助、促进学生的学习，教师常常需要对学科知识进行整合，归纳出适于学生学习的普遍性和规律性知识等。因此，教师必须掌握将学科知识归纳为理论的技能。

二是用知识解释客观现实的技能。

就儿童而言，儿童的一日生活即学习。作为幼儿教师，为了使抽象的学科知识被儿童理解，应努力引导儿童把个人经验与学科知识联系起来：一是把学科知识"恢复到"直接的、个人的经验知识；二是挖掘儿童的直接经验，在儿童的经验与学科知识之间建立直接的联系。显然，这一过程需要教师具备用学科知识解释现实生活的能力，因此，在教师教育过程中，不能将学科知识的传授与学生的生活割裂开来，应运用学科知识正确有效地解释现实生活，使学生能将知识与生活有机融合。只有这样，学生才能真正理解学科知识，并能用学科知识解释客观现实。

（二）课程知识与技能

课程知识是指关于课程标准以及课程方案的整体框架的知识，包括教师对课程的理解以及关于课程开发等方面的知识。

古德莱德提出，课程有五种存在形式：理想的课程，即指由一些研究机构、学术团体和课程专家提出的应该开设的课程；正式的课程，即指由教育行政部门规定的课程计划、课程标准和教材；领悟的课程，即指任课教师所领会的课程；运作的课程，即指在课堂上或课外实行的课程；经验的课程，即指学生实际体验到的课程。

从古德莱德的课程层次来看，教师的课程知识属于领悟的课程和运作的课程的结合，一方面是教师头脑中印象的课程，另一方面是教师在课堂中操作的课程。在教学实践中，教师脑海中想象的课程和课堂中他们教的可能有着较大的差异。

国内"课程"一词，更多地指学科的知识体系，是一种以课程标准和教科书为基础的刚性的课程框架。在这个固定的框架里，教师有关课程开发的知识被忽视，专业发展也得不到保障，教师只能成为课程的执行者，发挥作用的只是他们的教学知识，而不是其课程知识。

从学生的角度来看，传统的课程观认为课程是静态的、凝固的、先于教学过程的、外在于学生个人生活的学科知识，这些学科知识凝固成教材、教科书等，且经常是凌驾于学生之上的，学生对于课程主要是接受者的角色。这种课程观的弊端就在于将脱离现实生活的、从理论上加以组织和体系化了的、抽象的一般性知识强加给儿童。这种课程观折射出的教育观是学生不是个体知识主动的建构者，而是被动地接受"知识"的容器。

课程不是学习内容的供给系统，不是学生学习领域与学习主题的规划与设计，也不是那些预成的、静态的凝聚物，而是包括教学活动在内的师生共同活动的过程和成果。课程不是外在于学生，更不是凌驾于学生之上的某种预先存在的东西，学生本身也是课程的组织者和参与者。没有学生的学习活动，就不存在完整的课程。课程不仅是学习的内容，还包括学习的过程和学习的结果。因此，与教师的课程知识相对应的课程技能是指教师的课程再构建能力，即重新构筑有助于学生个性解放与自我实现的课程，使课程走向生活化和综合化。这样的课程比认知过程更为广泛，强调学生个性的全面参与，是学生整个人的"卷入"。学生通过与活动对象的相互作用实现自身各方面诸如认知、情感、态度、技能以及体质与体魄的发展。教师在构建这样的课程的过程中，应该考虑两个问题：一是内容，即学习的领域与主题，如要向学生展示什么、呈现什么、提供什么；二是如何呈现这些内容，即学生在学习过程中处于一个什么样的境地，应该创设什么样的情境与氛围。前者主要依存于对"什么知识最有价值"的理解，后者则主要基于对"教学过程"独特性与有效性的理解。只有那些真正为学习者所经历、体验、理解和接受的东西才称得上是课程，也才遵循了知识或技能学习的规律，从而使知识或技能能够有效地建构。学习者只有在生动获取并建构的过程中，他的个性才得以充分发展。

二、教师的条件性知识与技能

教师的条件性知识主要由帮助教师认识教育对象、开展教育教学活动和教育研究的专门知识构成。条件性技能是指教师利用教育学和心理学的规律来思考本体性知识，即对本体性知识做出教育学和心理学的解释。例如，如何处理教材，如何激发学生的学习动机，如何组织课堂和实施评价等。具体来说，教师的条件性知识与技能包括教育学知识与技能、学科教学法知识与技能、情境知识与技能。对幼儿教师来说，则包括幼儿保育知识与技能、幼儿教育学知识与技能、幼儿心理发展评价知识与技能，以及社会、健康、艺术、科学等领域的教学法的知识与技能等。

（一）教育学知识与技能

教育学知识包括教育科学基础知识，如教育与社会生产力，教育与政治、经济、文化以及与人的身心发展相互作用的规律，教育的本质、目的、任务和内容，全面发展教育的思想和观念，课程理论，教学的实施过程、组织形式、构成环节，教学的原则、模式、方法、手段、艺术、风格，教学的检查与评价等；也包括国内外教育教学改革信息和动态的知识，如教育教学发展变化的历史沿革、目前状况、发展趋势，教育教学改革的最新成果，特别是课堂教学的革新、学习方法的指导、学习能力的培养等；还包括教育科学研究知识，如教育科学研究的过程、特点和类型，资料的收集整理分析，科研方法的选择运用，成果的表达等。

具备了一定的教育学知识，并不意味着能顺利实施教育教学。教育的现实情况相当复杂，许多现象和问题对教师提出挑战，许多教师常常因缺乏相应的教育教学方法和课堂管理策略而手足无措。显然，如何将教育学知识转化为教育技能对教师职业能力的形成显得至关重要。

与教师的教育学知识相对应的技能主要表现在以下五个方面

一是班级管理能力。教师的班级管理能力，是指在班级特定的教育环境下，教师不依据特定教材，而按照社会现在和未来的需要以及学校对培养人才的要求，通过班级活动的方式教育培养新一代的能力。班级管理能力主要是教师强化班级凝聚力，指导、带领班集体实现教育目标的关键能力，主要体现在班级的组建与运行、班级教学管理、班级组织建设、班级文化建设、班级活动建设、班级生活建设和学生发展性评价等多个方面。

二是一般教学设计能力。就教学方法而言，无论具体科目是什么，必定存在着一些共同的方法，它是超越学科界限的，这种超越的、带有共同特征的教学法就是一般教学法。一般教学法知识是一般教学设计能力的基础。一般来说，一个教师为了完成教学，首先要根据对课程标准、学生实际、教材内容的分析来确定教学目标、教学重点及难点，并依据教学规律及教学原则来选择教学策略、教学媒体和资源，组织教学内容，设计教学程序与方法，编写出具有教师个人风格的教学设计教案。这一能力即教师的一般教学设计能力，是教师教育教学最基本的能力之一。

三是课程开发能力。在教学实践中，教师扮演校本课程和地方课程开发者、教材编制者、教材选择者的角色。因此，教师必须具备对国家必修课程、校本及地方课程相关资源的收集、分类、开发与应用等能力。

四是教育创新能力。教育创新能力是指教师在教育和教学过程中，表现出来的独创精神和独创能力。教师的劳动是一种创造性的劳动，要使学生在个性方面得到充分、自由的发展，成为具有创新意识和创造精神的新型人才。特别是在大力倡导素质教育的今天，创新能力的培养已成为素质教育的核心。大量事实表明，只有创新型的教师，才能培养出具有一定创新意识、创新思维、创新能力以及创新个性的学生。

五是教学反思及教育科研能力。教师应当具备较强的教学反思能力，能够不断总结经验，扬长避短，不断改进教学，并能够在教学中注重开展科学研究，不断提高研究能力。

（二）学科教学法知识与技能

学科教学法知识指关于教师如何将自己所知道的学科内容以学生易理解的方式加工、转化给学生的知识，是学科知识与一般教学法知识的整合，是针对具体教学内容如何施教的知识。例如，如何组织、呈现特定的学科主题或问题，如何阐明某一特定的学科概念，如何用实例说明或在理论上解释特定学科的解题步骤和方法，如何更正学生关于学科内容的错误概念。

学科教学法知识具有如下特点。

第一，学科教学法知识的核心是向特定学生有效呈现和传授特定内容的知识，它是教师独有的知识类型，是教学专家与学科专家的最大区别。

第二，学科教学法知识的发展是一个不断建构的过程。学科教学法知识并不是随着学科知识和一般教学知识的获得而自然获得的，在很大程度上是教师个人在自己所任学科和所在班组的特定范围内，不断将诸方面知识综合、创新获得的，是教师独特的个人知识。因为每个人都拥有自己独特的认识和理解世界的方式，所以，学科教学知识也存在差异。

第三，学科教学法知识是通过实践来获得的，而不是通过教师教育或教师培训计划获得的。在我国师范类院校的课程计划中，除了专业课程以外，还包括教育学与心理学课程，但这些课程只能给教师提供非常抽象的理论知识，并不适用于在课堂教学中运用，更无法与具体学科相结合；部分学科虽然开设了教学法课程，但由于学科课程与教学法课程是分离的，且由不同的教师来完成教学任务，二者并不能很好地整合起来，可操作性不强。

第四，这种知识具有特定的时空性和情景性。无疑，教师教学是发生在每一个具体的课堂中的，离开了具体的课堂时空，学科教学知识就无法形成。

根据以上分析，本书认为，学科教学法技能与学科教学法知识具有统一性，是教师在不断实践的过程中逐步发展起来的一种心智技能。具体来说，这种学科教学法技能主要包括以下三点。

一是教师对学科内容进行批判性反思与解释、加工、转化、表达与教授的能力。如怎样定义学科；以谁的理论为依据；在了解学科的过程中，哪些是核心的概念与程序；为什么学生需要学习这门学科。

二是教师准确表征学科内容并有效教授学科内容的能力。如在这门学科中，对学科内容的理解程度是否影响学习效果，采用何种表达方式表征学科内容更有助于学生的理解，如何将学科知识与学生的日常生活联系起来，教师怎样才能有效地利用课程材料来帮助学生学习。

三是根据学生的能力、性别、先前知识和概念来选择、教授学科知识的能力。如在不同的发展阶段，学生对学科内容的理解程度有何不同；对不同年龄的学生教授学科内容是否有不同的目标；教师怎样评估学生在学科领域的学习效果；教师怎样利用这些评估的结果来指导教学。

很明显，以上学科教学法技能更多源自教师的学科教学实践。一个新手教师，并不可能具备多少学科教学法技能，他所拥有的往往是理论性的一般教学法知识以及较纯粹的学科知识，当这两者还没有通过实践来发生整合的时候，教师教学往往会显得比较吃力。因此，舒尔曼把学科教学法知识作为区分新手教师与专家教师的一个重要标准。反过来，教师掌握的学科教学法技能对教学的顺利完成起着非常重要的作用。

（三）情境知识与技能

情境知识也叫脉络知识，是教师对学习有关的各种情境的了解与认识，包括教室情境、学校规范、家庭状况、社区背景、学生和教师自身的状况、教育政策、文化特质、社会教育环境等。

人总是生活在各种复杂交错的环境中，以某种方式与环境发生着交互作用。教育也同样如此，任何一个教育现象的发生，总是离不开一定的教育情境。没有了情境也就没有了所谓的教育，因为教育从其本质上来讲，是一种社会活动，而不是个体的活动。

教育情境不是单一的，而是复杂多样的，小到教室的挂图、光荣榜、公告栏、学生的课桌椅等，大到学校的自然环境、图书馆、实验楼及其他教学设施与设备、社区的情况等，从校内到校外，从物质层面到精神层面，从制度规范到文化。一个教师对这些情境都有一定的了解与认识，而这种了解与认识必然会对课堂教学产生一定的影响。如一个历史老师认识到本社区有纪念馆，那么就可能在教学设计的过程中，把参观纪念馆作为教学的一个组成部分。

当然，情境知识在教学中的应用以及对教学产生的影响远不止于此。如果对情境知识进行分类的话，我们可以将其分为静态的和动态的两大类。静态的，是可以见到的、以物质形式为载体的，如自然环境。而动态的则是生成性的。静态的情境知识比较容易把握，也很好利用，而动态的情境知识就不一样了。在课堂中，对这种动态情境知识的把握是相当困难的，即使教师能意识到它的存在。因为教学的本质是一个动态生成的过程，"教学过程中师生的内在关系是教学过程中创造主体之间的交往（对话、合作、沟通）关系，这种关系在教学过程的动态生成中得以展开和实现"。但这并不能否定教师具有的情境知识。情境知识对一个行动者来说非常重要，对教师来说尤为如此。经验表明，一个优秀的教师，总是可以非常巧妙地利用他周围的情境，他也对各种环境，包括文化习俗等都有着充分的认识。新手教师也具有一定的情境知识，只是他们的情境知识与专家教师无论在数量上还是在程度上都是有差异的。

与这种情境知识相对应的技能强调课堂教学，具体来说，包括四种能力。

一是教学设计能力，即教学应引导学生走向哪里（教学目标），采用何种方式引导，其核心是教学目标的设计。教学目标是课堂教学的航标，教师对教学目标的决策和选择，受其对教育价值的认识及对教学意义的理解的影响。教学目标设计是否恰当，陈述是否清晰，将影响教学目标的导向作用和教学效果。反过来说，要想取得良好的教学效果，就必须设计出科学、合理的教学目标，同时还应包括对教学材料的处理和准备、教学行为的选择、教学组织形式的设计、教学方案的形成等。教师的教学目的明确，对学生的要求明确，这样才能取得最佳的教学效果。

二是学习者分析能力，即学生从哪里出发（学生的起点知识、能力和态度），学生总会将他们的知识、技能、态度、文化、实践、信仰以及学科知识带到学习过程中，并且以此为基础建构自己的意义。学生目前所知道和相信的知识、学习能力、学习方式、学习态度等都将影响他们对新知识的理解。为了保障教学的有效性，教师必须准确了解每个学习者都知道些什么、关心什么、能做什么、想做什么，必须尊重、理解学生的先前经验。显然，这种能力需建立在一定的心理学知识的基础之上。

三是课堂教学组织和实施能力，即教学过程应如何带领学生从起点到终点，应创造什么样的学习条件或学习环境帮助学生学习（教学方法、技术和媒体的选用）。这一能力包括课堂组织与管理、语言表达、讲解与提问、板书板图、演示操作、反馈与回应、进程调控与突发事件处理的能力等。在课堂教学过程中，教师充分调动学生学习积极性，引导学生学习，建立和谐的教学环境，采取有效的措施和方法，始终保持良好的课堂教学秩序，保证课堂教学的顺利进行。教师组织管理课堂教学的能力，对教育教学工作的成败起决定性的作用，直接关系到教学效率。

四是评价能力，即对自己的教学是否达到目标进行判断的能力（教学结果测量、诊断与评价）。如果没有达到目标，怎样对学生进行补救教学？教师为了保证教学达到预期的教学目标，在教学的全过程中将教学活动本身作为对象，积极主动地对教学活动进行计划、检查、评价、反馈、控制和调节，其实质是对教学过程的自我意识和控制，即反思，是教师的反省思维或思维的批判性在其教育教学活动中的具体体现。它是教师从事教育教学工作的核心要素，主要可分为三个方面：教师对自己的教学活动进行事先计划和安排，对自己的实际教学活动进行有意识的监控、评价和反馈，对自己的教学活动进行调节、校正和有意识地进行自我控制。具备良好的教学监控能力，教师就可以面对变化的环境，自如地处理和应付教学中的各种问题。

在本体性知识和条件性知识中，评价能力是影响教师教学效果的关键性因素，教师能力结构中的核心能力是评价能力，即评价能力的高低可以决定其教育教学水平的高低。林崇德教授认为："优秀教师＝教育过程＋反思，教师的教育工作，多一份反思与监控，就多一份提高，就与优秀教师更接近了一程。"教学水平高的教师，教学评价能力往往也较高，他们拥有丰富的教育、教学、教学方法等方面的知识，善于计划、反思、调节自己的教学过程，灵活地运用、调节策略以达到教学目标。而教学水平低的教师在学科知识方面与高水平教师相比往往无明显差异，但是他们缺乏关于教学和教学策略方面的知识，不善于根据教材、教学目标及学生的特点、班级情况，灵活运用适当的教学方法或补救措施。正因为如此，有些教师的学历虽高，但教学效果并不一定好，而学历低的教师教学效果不一定差。

条件性知识对教师来说，是自身知识结构的重要组成部分，是创造性地从事教育教学工作的重要依据，是开展教育教学活动的前提。具备这些知识，有利于教师认清各种复杂的教育教学现象，不断增强工作的自觉性；有利于帮助教师对本体性知识进行思考和重组，以使学科知识顺利地转化为学生易于理解和接受的知识，从而更加自如地进行创造性的教育教学活动。一个具有丰富的条件性知识的教师，必会极大地增强自己在教育教学工作中的创新能力。

三、教师的品性或态度

（一）专业精神

作为专业人员，须具有与专业相关的"精神"。专业精神影响个人工作努力程度及成效。教师教育专业精神是教师从事教育工作的动力源泉，是教师教育行为活动的动力系统。

在教师职业能力内在结构中，专业精神属于专业情意范畴。教师的专业精神是教师基于自我期许而表现出的坚定信念、热情和不懈追求的活力，涉及教师的职业理想、对教育事业的热爱程度、工作的积极性等方面的问题。教育专业精神主要体现为敬业精神、人文精神、科学精神，其中敬业精神是核心，人文精神和科学精神是相辅相成的两翼。

敬业精神是一种职业观或职业态度，涉及教师怎样看待自己所从事的职业，对自己所从事的职业抱什么样的态度。依据职业观的层次，可把教师分为谋生型、良心型和事业型三种类型。谋生型的教师仅仅把教师职业当作谋生的手段，在工作中难以进入教师角色，难以调动个人的工作积极性；良心型的教师在教书育人的过程中能够自觉地遵守职业道德、承担职业责任，是值得肯定的教师；事业型的教师能充分认知教师工作的艰巨性、复杂性、崇高性、神圣性和未来性。

人文精神的核心是对人的关切。教师工作的对象是人，并且是代表人类前途和命运的、人类群体中最富活力的成员，这些特征决定了教师必须具有人文精神。教师的人文精神首先表现为人道精神，即具有同情心和博爱；其次是人本精神即以人为本的思想。教育上的人本思想也就是一切为了学生的思想。人是教育的起点和归宿，一切教育教学活动都必须以人为中心，以促进儿童的个性全面和谐发展为本，即一切为学生，为一切学生，为学生的一切。当前教师的人本精神主要体现为四个意识，即"童年意识、学生意识、发展意识和生命意识"。

科学精神是科学发展的生命力，教学过程的实质是一种探索真理的活动，需要科学精神。现代教育既是传播真理的活动，又是发现真理的活动。科学精神是科研和教学活动中的指导因素，直接关系到科研和教学活动的质量及成效。教师应该具备科学精神，并在教学活动中坚持和贯彻科学精神。当前教师的科学精神，主要包括客观精神（公正）、理性精神以及探究精神。

教师专业精神有其独特的作用和意义，表现在以下四点。

第一，教师专业精神能确保教师专业价值与功能的充分发挥，可以促使教师弥补在专业技能和专业道德方面的不足。

第二，教师专业精神能促进教师个人的成长与完善。实践证明，在教学上有成就的教师，在工作中会始终表现出一股令人振奋的精神力量，而那些成绩平平的教师，则缺乏精神活力，甚至表现出精神萎靡的状态。

第三，教师专业精神是影响学生的最主要的因素之一。教师在其专业行为过程中表现出的专业精神，能够感动学生并激发学生的智慧。

第四，教师专业精神是树立教师形象、提升自身社会地位的重要手段。教师形象包括精神形象和文化形象。教师要通过努力，树立起一种让人们觉得可尊可敬的形象，把"他尊"与"自尊"结合起来，才能真正获得较高的社会地位。因此，教师专业精神是一种朝气、一种活力，而且是一种自尊自信、自重自强的行为表现。

教师的专业精神是教师职业能力系统中能为教师的成长提供动力源泉的因素，是教师专业中的情意特质之一。

（二）自我专业发展意识

教育理念、学科教学法知识、教学评价能力、教育专业精神等专业特质只能保证教师成为一名"静态"的专业人员，要成为"动态"的专业人员，教师自身的专业发展意识至关重要。因而，教师的职业能力还应该包括自我专业发展意识维度。自我专业发展意识是保证教师不断自觉地成长、自我专业发展的内在主观动力，是教师从事教育教学工作的根本保障，也是实现终身学习和教育的动力。

教师的自我专业发展意识在教师职业生涯中非常重要，它使得在教师发展过程中实施终身教育的思想成为可能，并且弥补了过去教师教育设计只从教师群体一般需要出发而不考虑教师职业生涯不同发展阶段不同特征的缺陷。只有具有自我专业发展意识的教师，才会有意识地寻找学习机会，才会知道自己到底需要什么、今后朝什么方向发展以及如何发展等，才可能成为一个终身学习者和"自我引导学习者"。

教师的自我专业发展意识可增强教师对自己专业发展的责任感，使自己的专业发展保持"自我更新"取向，是教师实现自主专业发展的基础和前提。具有专业发展意识的教师能够将自己过去的发展过程、目前的发展状态和将来可能达到的发展水平结合起来，使自身能够理智反思过去的自己，筹划未来的自我，控制今日行为。在自我专业发展意识的指引下，经过一定时间职业生活的积累，教师逐渐形成自我职业发展能力，为个人职业生涯的发展奠定基础，并成为促进专业发展的新因素。

教师自我专业发展意识往往是在其职业能力发展到一定程度或阶段，遇到一定障碍或阻力后而逐步生成的专业自我意象、自我期望和自我价值，是在专业成熟的过程中生成的一种崭新的专业特质。教师自我专业发展意识是对教师已有专业素质的有益补充，不但使教师专业素质的结构更加完善，而且调节、监控其他专业素质的进一步发展。正是自我专业发展意识在教师职业生涯中发挥着调节、监控的作用，才使得教师职业生涯构成一个动态发展的循环，并朝着积极的方向不断发展。

（三）教育智慧

在教育工作中，很多情况需要教师机智地对待，这种教育教学的机智不是一成不变的。在一种情况下适宜的和必要的方法，在另一种情况下可能就是不恰当的。只有针对学生的特点和当时的情境有分寸地进行工作，才能表现出教育智慧来。

智慧是指人对事物能灵活、迅速、正确地理解和把握的能力。"凝聚智慧"是指一个人运用他所积累的全部知识来对问题做出判断和解决的能力，是人脑中的一种本能，在人们面对一些没有固定答案的复杂问题情境时它能发挥巨大作用,在教育领域中则表现为教育智慧。教育智慧,就是为达到最佳教育教学效果而因人、因事、因地制宜地使用各种知识、观念、技能、条件、手段的才能。知识、技能、设备是保证和提高教育教学效果的必要条件,教育智慧则是其充分条件。教育智慧是教育理念、知识结构、专业精神综合的结果,是教师长期投入教育实践,不断探索、反思、创造所付出的心血的结晶,是教育情感和教育思维相互作用的产物。教育智慧是教育能力和教育艺术的合金,教育能力与教育艺术的和谐统一、相辅相成才构成了教育智慧。而且,教育智慧受一个人经历的影响,这些经历包括个人的打算与目的以及人生经验。所以,这种智慧的表达包含着丰富的细节,并以个体化的语言而存在。

有人将教师的教育智慧分为内容类的智慧和方法类的智慧两种,前者包括深刻、独到和广博等因子,后者则包括启发、机智和绝招等内容。本书认为,教育智慧在教育、课程与教学实践中具体表现为教师具有敏锐感受、准确判断生成和变动过程中可能出现的新情况和新问题的能力,具有把握教育时机、转化教育矛盾和冲突的机智,具有根据对象实际和面临的情境及时做出决策和选择、调节教育行为的魄力,具有使学生积极投入学习生活、热爱学习和创造、愿意与他人进行心灵对话的魅力。

教师只是拥有知识、技能,就只能传授学生知识、训练学生技能;教师只有拥有智力、能力,才能发展学生智力、培养学生能力;教师只有拥有智慧,才能启迪学生的智慧。据此,可将教师分为三种类型。

一是教书匠,是知识、技能型的教师,就知识论知识,就技能论技能。

二是智能型教师,在传授知识和训练技能过程中发展智力、培养能力。

三是智慧型教师,会在教学过程中经常地、时不时地冒出智慧的火花启迪学生,开启学生悟性,增长学生智慧。

如何才能成为智慧型教师?首先要完整地理解教育教学实践,不能简单地将教育教学理解为一种可操作的技术性的活动,而应理解为一种为价值观所指导的,并能不断被构建的充满智慧的人类活动。其次要具有批判意识和精神,形成问题意识,对已有知识和实践进行批判性分析和重构,形成自己的教育智慧。

可以说,教育智慧使教师的工作进入到科学与艺术结合的境界,充分展现出教师个性的独特风格。教育智慧赋予了教师教育教学工作永恒的魅力,也是成熟教师的标志。教师的教育智慧既是思想、知识、能力、情意等特质综合发展的结果,又是诸多特质进一步发展的坚实基础。

第四章 学前教育专业人才培养的现实与挑战

第一节 学前教育事业发展与幼儿教师需求

一、幼儿教师教育的发展演变

(一)幼儿教师角色的演变

1."蒙养院"时期的教师角色

(1)辅助家庭教育是首要任务

清朝末年,西方的学前教育制度和教育思想被引入中国。19世纪末20世纪初,我国自给自足的自然经济开始瓦解,农民和手工业者纷纷破产,不少妇女离开家庭参加大工业劳动,学前教育从家庭走向社会,促使学前公共教育机构产生,但这个时期教育幼儿的责任仍主要依赖于家庭,蒙养院的宗旨是辅助家庭教育。一方面,受传统家庭教养模式的影响,公共学前教育机构中实行学前教育并不广为人们所接受;另一方面,"保姆学堂既不能骤设,蒙养院所教无多,则蒙养所急者仍赖家庭教育"。此外,入蒙养院学习后,保姆也可受聘于家庭,成为家庭保姆。蒙养院所收的孩子大多是官宦世家的贵族子弟,经过培训的蒙养院保姆中有相当一部分日后充当富绅官宦之家的家庭教师或乳母。

(2)重视教导的功能

《湖北幼稚园开办章程》中明确规定:"设园旨趣有三:一、保全身体之健旺,体育发达基此;二、培养天赋之美材,智育发达基此;三、习惯善良之言行,德育发达基此。"该文件说明了其"重养不重学"的独特性,强调保姆保育幼儿的功能,但其办园宗旨又是"以备小学堂之基础",主要定位于教育,为今后学业做准备。

《奏定蒙养院章程及家庭教育法章程》特别指出:"外国所谓保育,即系教导之意,非仅长善爱护之谓也。兹故并加'教导'二字以明之。"在这种观念下,当时的幼教机构保教兼顾,但以教为主。保姆的教法与注入式的小学十分相似。保姆高高地坐在上面,幼儿很端正地坐在下面。保姆教一课,幼儿学一课,全部活动由保姆示范,幼儿不能自行取用各种工具和材料,不准别出心裁。

2."幼稚园"时期的教师角色

(1)幼儿教师称为教员

随着社会的变化,人们逐渐认识到了学前教育的重要性,幼儿教师的重要地位也开始得到世人的承认。如张宗麟所言,幼稚教师对于儿童所负的责任,比任何学校教师都大,"幼稚教育是一切教育的基础,这步教育可以铸定儿童终身的休咎"。儿童还没有充分获得生活能力,而身体的发展又极快,稍不留心,就会发生不幸的事。教师的责任固然重大。

这一时期,国家对幼稚园教育的重视程度大大提高。1932年,民国政府先后颁布了《幼稚园课程标准》《幼稚园设置办法》等,同时幼稚园被正式列入学制,各大学里都添设了幼稚教育的课程,各处的幼稚师范兴起。无论是在国家法令法规还是人们的论著中,幼稚园的从业人员不再以蒙养园时期的"保姆"相称,有的称为"教师",有的称为"教员"。与此同时,中国的女权运动也小见成果,"幼稚教师只要老妪"的论调已经不复存在,幼稚园从业人员地位的提高由此可见一斑。

(2)强调保育功能

20世纪20年代以后人们逐渐认识到,正是由于家庭状况的不良和家庭教育的落后,幼稚园才更应该主动与之联系,以促进其改善。幼儿教师的首要任务不再仅仅是辅助家庭教育,他们成为教育的重要力量。

后来,蒙养院改名为蒙养园,蒙养园的保育项目分为游戏、唱歌、谈话、手技四项。民国初年,官办的蒙养园保姆的服务实质上没有什么变化,仍以"小学式"的教导为主。

进入20世纪20年代,幼稚园教师的保育功能逐渐得到重视。陈鹤琴号召"幼稚园第一要注意的是儿童的健康"。张宗麟认为,幼稚生没有充分获得生活能力,他们身体的发展又极快,学习能力缺乏基本训练,即自顾之能力缺乏,幼稚教师对于儿童最要紧的责任为养护和指导。养护包括注意儿童卫生、寒暖、饥渴、休息，"当使儿童多动"。同时他提出对儿童的养护也包括健全心理的养护。技能指导包括养成好习惯，获得生活技能、游戏技能、表达思想技能等。

1932年，陈鹤琴主持制定的《幼稚园课程标准》出台，他的许多思想得到淋漓尽致的体现，从幼稚教育总目标的规定即可清晰地看出教育的成分大幅减少，儿童身心健康、应有的快乐和幸福得到重视，培养人生基本的优良习惯（包括身体、行为等方面的习惯）等成为教育内容。

抗日战争全面爆发后，国统区和革命根据地不约而同地提出了保教并重、保教合一式的口号，但同样面临着实施的困难。1938年，国民政府规定幼稚教育应"保育与教导并重，增进幼儿身心的健康，使其健全发育，并培养人生基本的良好习惯，以为养正之始基"。但是，"保教并重"或者"保教合一"要想在实践层面真正开展，仍面临诸多困难。这些困难不仅指物质条件艰苦，主要还是理念、体制的限制。当时，幼稚园保育的独特功能，体现为"幼稚园对于儿童应顺应其个性，依照其身心发展之程序，施以适当之保育，不得授以读书写字等类于小学功课之事项，或使为过度之工作""幼稚园之保育，应注重养成良好习惯，不得施行体罚及足使儿童感觉痛苦之苛罚"。

3."幼儿园"时期的教师角色

（1）开始注重保育与教育相结合

中华人民共和国成立初期，由于当时的时代背景，"减轻家长在教育孩子方面的负担，使他们能够安心生产、工作和学习"是幼儿园主要的工作任务之一，解决家长后顾之忧的福利功能是幼儿园教师职业重要的功能，国家也对教养员的工作给予了认可。幼儿园保育教育工作主要承担者——幼儿园教师对国家、对幼儿发展的重要性得到越来越多的社会认可。

1951年6月，《人民教育》发表《对幼稚教育工作的几点意见》，提出"新的幼稚园教学原则"是"培养学龄前儿童在生理上、意识上、行动上得到正确的成长、发展和变化，使他们的身体、智力、道德习惯及爱美观点等得到全面的发展"。1952年《幼儿园暂行规程（草案）》又进一步规定，"幼儿园对幼儿进行初步的全面发展的教养工作"，并将"培养幼儿基本的卫生习惯、注意其营养、锻炼其体格、保证幼儿身体的正常发育和健康"作为教养工作的首要目标。据此，幼儿园中教养员的基本任务是教养儿童，以保护幼儿为主。

（2）重教轻保的现象仍然严重

1952年《幼儿园暂行规程（草案）》规定，教养幼儿的宗旨是"为小学打基础和解决母亲的后顾之忧"，较多地关注未来生活和站在成人的立场，忽视了幼儿的个体意义和学前教育的独立价值，为重教轻保埋下了伏笔。

针对学前教育中重教轻保、保教分家的现象，教育行政部门曾三番五次予以矫正。例如，1951年《幼儿园暂行教学纲要（草案）》明确提出了幼儿园与学校教育的不同，指出"幼儿园是使幼儿顺利地全面发展的'社会环境'。幼儿在集体生活中（如共同的游戏和作业）思想会更加灵活，可以养成注意或关心其他幼儿的习惯。所以幼儿教育的实施，包括整个幼儿生活的保育、教养，并非狭义的只是某些作业的教学。它和学校教育的性质完全不同"。然而，幼儿园重视教育、轻视保育的现象并未减少，反倒有增长之势。中华人民共和国成立之初，曾明确规定"幼儿园不进行识字教育"，而到1960年则要求"凡是有条件的幼儿园，应该尽可能进行汉语拼音、识字、算术等教学，条件不足的应积极创造条件""这就可以使小学教学缩短年限"。"文革"结束之后，压抑已久的现代化建设热情空前迸发，"多出人才、快出人才"的口号响彻全国，"天才教育""少年班"流行一时，国际上兴起的早期智力开发浪潮也席卷而来、推波助澜，重教轻保现象愈演愈烈。

目前，幼儿园教师在实践层面要落实"保育和教育相结合"的原则并不容易。社会各主体持有不同的学前教育价值取向。教育学家提倡儿童中心的价值观，关注儿童发展，研究儿童，关注教师发展完善过程环节并揭示其价值，他们对学前教育质量的认识较抽象。发展心理学家认为儿童发展包括认知、情绪等发展，关注师幼互动方式、课程、环境和教学材料，他们对质量的界定基于儿童发展情况的测量。经济学家认同心理学家的观点，但是他们不仅关注学前教育理念，还关注学前教育的成本、价格、供需总量平衡、成本收益。而政府持有务实的价值观，认同经济学家的观点，认为应提供可操作、便于测量和观察、确保底线、财力可支撑的平衡各方利益的学前教育。而从很多家长的角度来说，社会竞争的加剧要求孩子接受良好的早期教育，幼儿园对于孩子为上小学做准备应给予更多的关心，如要让孩子学习更多的汉字和实际知识。为了招揽生源、扩充经费、维持生存，有些幼儿园明知一些做法、行为违背学前教育规律，是脱离正确的儿童观、教育观的，但为了迎合家长口味，开设了各类幼儿英语、美术、舞蹈等所谓特色教育项目，甚至模拟小学教学。另外，在幼儿园工作实际中，相当一部分幼儿园教师无论是在认识上还是在实际工作中,都往往忽视保育工作,而明显地倾向于教育方面。一些幼儿教师认为保育就是对幼儿身体上的照顾和保护,认为保育之事与己无关。还有一种情况是,一些幼儿教师尽管认识到幼儿园兼具保育和教育的双重性质,但在实际工作中还是忽视保育而倾向于教育。

4. 幼儿教师的角色定位综述

多年来,我国幼儿教师的角色变迁是社会对学前教育服务需求、幼儿教师技能掌握和运用的变化的反映。我国幼儿教师的角色经历了"保姆""保育员"到"保教结合的教师"再到"专业幼儿教师"的变化,实质上也反映了保育员职业角色和幼儿教师职业角色的分离。

在传统社会中,人们常常将幼儿教师等同于保姆,他们充当"训育者""看护者""玩伴"的角色,负责看护幼儿,保护他们不受伤害;在道德方面,教育幼儿一些做人的道理,不会涉及或者很少涉及知识的学习和智力开发。之后,随着社会的发展、学前教育研究的逐渐深入,学前教育工作者不仅研究幼儿身体发展规律,还研究幼儿的心理等各方面的发展。他们认为儿童的身心发展是协调一致的,不能牵制任何一个方面的发展,幼儿需要接受各方面的教育。但这仅仅是专家、学者的观点,并没有被所有的人接受。随着社会竞争的加剧,家长对学前教育重要性的认识逐渐提高,很多家长对幼儿赋予厚望,希望通过良好的学前教育使得孩子在今后的发展中处于优势。而幼儿园又因为面临着生存压力,一味迎合家长需求,以抢夺更多的生源,幼儿教师在很大程度上就充当起"教书匠""经师""社会文化的传承者"的角色。儿童成为受教育者,儿童接收到各方面的知识,但很多都是来自官方提供的课本,而不是直接经验,语文、算术等小学课程占了很大比例,学前教育"小学化"的现象严重。这些都体现了在一定的历史条件下我国学前教育的局限性,折射出人们的学前教育思想不成熟。

近年来随着人们对学前教育的认识加深,儿童观、教育观有了变化,渐渐认识到学前教育是以幼儿的发展为本,学前教育不应定位于知识的灌输、技能的训练,而应重视培养儿童的好奇心、探究精神,重视提高儿童学习的乐趣和兴趣,注重提高儿童学习的能力,注重儿童可持续发展品质的培养。因而社会对幼儿教师的角色定位也有了改变,教师逐渐被看作"能师",不仅要传授一定的知识,还要发展幼儿的能力,启迪幼儿智慧,成为幼儿的倾听者、观察者、支持者、引导者、合作者。

学前教育的快速发展还要求教师成为终身学习者，教师必须主动适应社会的要求，不断地学习，不断地反思自身的教育实践，努力突破普遍存在的教师之间彼此孤立与封闭、理论与实践脱节的现状，积极合作与协商，提升专业化水平，实现可持续发展。

（二）幼儿教师供给模式沿革

我国的幼儿师范教育虽不甚发达，但自1903年湖北幼稚园附设保姆讲习所以来，我国幼儿师范教育已走过百年历程。百余年来，我国幼儿教师教育体系经历了萌芽、起步、形成和发展四个阶段。

1. 萌芽期——引进外国教习和教会幼稚师范主导时期（清末至20世纪20年代初）

我国最早的幼儿师资培训机构是由清末在华的外国教会设立的，这些机构中的教师大多由传教士担任，课程设置也极具宗教色彩，毕业生服务于教会办的幼儿园和其他幼教机构。外国教会在我国培养幼儿师资，在一定程度上促进了我国学前教育的发展。

（1）引进外国教习，开办第一批民族幼教机构

湖北巡抚端方于1903年9月在武昌创办湖北幼稚园，幼稚园内附设女子学堂，培养幼稚园"保姆"，招收15～35岁女子专门学习保育学科，聘请日本的户野美知惠等三名女教师任教，讲授有关保育、教育的知识，这是我国最早设立的幼儿园教养员培训机构，也是我国幼儿教师教育的萌芽。在清末"兴学"热潮中，中国的有识之士还创办了另外几所知名幼儿教师教育机构。

除了专门的幼师学堂外，在国人自办的一些其他女子学堂或女子师范中也有附设保姆、蒙养等科以培训保姆。如上海务本女塾在1903年设立了修业年限为两年的师范科，培养女子学堂和幼稚园的教员。1905年中国教育会在第五届会议的报告中也提出，计划在中国五大城市即北京、广州或厦门、重庆、汉口、上海各设幼儿师范学堂一所。

1907年3月，清政府颁布了《奏定女子小学堂章程》和《奏定女子师范学堂章程》。《奏定女子师范学堂章程》规定"教授女师范生，须副女子小学堂教科、蒙养院保育科之旨趣，使适合将来充当教习、保姆之用"，明确要求有专门的机构培训幼教师资，标志着我国幼儿教育师资的培养在师范教育制度中有了一席之地。

强调女德是中国沿袭已久的封建伦理观念,"贤妻良母",也一直是先前在女子教育群体中倡导和实践的主流观点。《奏定女子师范学堂章程》承袭和接纳了这样的观点,要求幼儿师范教育崇尚女德,要教学生为妇、为母之道,要勉励她们学习贞静、顺良、慈淑、端俭等美德。因此,在课程设置中,首重修身。

(2) 西方教会幼稚师范的主导地位

事实上,大约在19世纪80年代,西方教会便开始在中国沿海地区开办幼教机构和幼教师资培训机构。而在中华民国成立初期,政局动荡,政府无暇顾及学前教育,使得西方教会幼教事业飞速发展,出现了一批独立的幼师学校。教会创办的幼教师资培训机构为教会幼稚园培养师资,也供中国官立、私立幼稚园使用,当时中国幼教机构的教师几乎都出其门下。

教会办的幼儿师范学校培养幼教师资的目的同当时他们在中国创办的其他教育机构一样,并且其控制和影响极为深远、持久。例如,在景海幼稚师范学校所开设的课程中,宗教学、社会问题、圣道教法等,共有60个学分,占总学分的1/3,宗教学甚至连开3年,有12学分,而教育科目的比例则很小。

由于教会所办的幼稚师范学校不符合中国实际的要求,一般的师范学校附设的幼稚教育班或幼稚教育科也多由归国留学生或外国人担任教员,因此,我国有识之士迫切感到中国亟须培养富于国家观念的幼稚园教师,亟须设立完美的、富于试验精神的幼稚师范学校,以培养符合中国幼稚园需要的师资。

2. 起步期——中国化幼儿师范教育的开拓时期(20世纪20—40年代)

"五四"运动以后,我国幼儿教师教育正式起步,开始了中国幼稚师范教育的探索历程。在这个阶段,"南陈北张"("陈"指陈鹤琴,"张"指张雪门)所开办的江西省立实验幼稚师范学校和北平幼稚师范学校做出了突出贡献。我国的其他知名幼教学家也创办了多所富有特色的幼师培养机构。陶行知对这一时期幼稚师范的举办和研究具有很大影响。在这一阶段,我国逐渐形成了一系列符合中国实际的有特色的幼儿师范教育理论。

3. 形成期——幼儿师范教育体系的形成时期(中华人民共和国成立至改革开放前)

中华人民共和国成立后,幼儿教师教育的发展进入新的历史时期,政府加强了对教育的控制和投入,重视师资的培养和培训,幼儿师范教育取得了长足的进步,初步形成了幼儿教师教育体系。

4. 发展期——幼儿师范教育的快速发展期

党的十一届三中全会的召开使幼儿师范教育出现了新的转机。国家颁布的一系列政策、文件极大地促进了幼儿师范教育的发展。这一时期，还出现了职业高中办幼师班的方式，拓宽了培养幼教师资的渠道，其培养的师资成为不断增长的民办幼儿园师资的主要来源。高师的学前教育专业也在不断发展，1987年全国已有22所高师院校开设学前教育专业。

经过十几年的发展，到20世纪90年代初，独立幼师学校的毕业生已成为幼儿园教师队伍的主要来源。同时，为了提高幼儿教师的素质，教育部三次调整三年制幼儿师范学校的教学计划。20世纪90年代至今，高等幼儿教师教育获得较快发展，还涌现出一批三年制或五年制的幼儿师范专科学校，目前我国已有20所独立设置的幼儿教师教育专门高校。同时，一些综合性大学也设置了学前教育专业，拥有学士、硕士、博士学位授予权，学前教育专业呈现出多样化的培养目标和课程设置。目前国内开设学前教育本科阶段教育的高校已经有140多所。20世纪80年代初，高师学前教育专业的研究生教育也开始发展，现在我国学前教育专业已有32个硕士学位授予点。1994年，经国务院学位委员会批准，我国第一个学前教育学博士学位授予点在南京师范大学成立，目前我国已经有9个学前教育博士学位授予点。2001年，我国第一位进博士后流动站研究学前教育的学者出站。我国培养学前教育专业人才进入了一个高峰阶段。

随着我国学前教育事业的发展和改革的深入，各类高校的学前教育专业纷纷扩招，加大了幼儿教师的培养力度。以内蒙古为例，到2012年，内蒙古已经有65所全日制学校设有学前教育专业，提供中等、专科、本科、研究生4个层次的教育，2012年计划招生总数达13720人。随着教育部《"国培计划"课程标准（试行）》的出台，我国在全国范围内全面实施幼儿教师国家级培训计划，包含了幼儿教师短期集中培训、置换脱产研修、"转岗教师"培训等培训项目。全国各地积极响应国家的号召，加大幼儿教师培训力度，对幼儿教师培训给予制度、人力、经费等方面的支持。各类幼儿教师培训机构加大幼儿教师的培训量，全国数以万计的幼儿教师因此获益。我国幼儿教师教育逐步实现了正规培养与非正规培训、职前培养和职后培训的结合，并朝着多元化、高层次、高质量的方向发展，一个高水平的、完善的幼儿教师终身教育体系正在逐步形成。

（三）国内外幼儿教师职前培养模式的发展趋势

1. 培养规格趋向标准化

进入21世纪后，随着学前教育事业越来越受重视，特别是幼儿教师的培养体系开放之后，人们对培养规格的标准化呼声越来越高。2010年，《国家中长期教育改革和发展规划纲要（2010—2020年）》出台，明确提出要"严格制定幼儿教师资格标准，切实加强幼儿教师培养与培训，提高幼儿教师队伍整体素质"。2012年我国出台了《幼儿园教师专业标准（试行）》并指出该标准是国家对幼儿园合格教师专业素质的基本要求，是教师实施教育行为的基本规范，是引领教师专业发展的基本准则，是教师培养、准入、培训、考核等工作的重要依据。我国幼儿教师培养规格已走向标准化。

美国设计了三种幼儿教师职前标准。如何建立符合幼儿教师培养现状的幼儿教师专业标准是美国政府部门和行业协会关注的中心问题。美国幼儿教育协会制定的《幼儿教育职业准备标准》，为学前教育从业人员的正规高等教育分别设计了三种职前标准：初级许可证标准（本科水平）、高级许可证标准（研究生或博士水平）、副学士学位标准（专科水平）。这三套职前标准均包含了幼教职业候选人在知识与能力方面的核心标准，以及不同层次的附加标准，并根据不同的实践表现分成了优秀、熟练、发展、基础四种水平。

日本通过教员资格证书规范培养规格。在日本，幼儿教师被认为是国民重要的早期智力启蒙者，最终对学前教育质量起决定性作用。日本国立、公立和私立幼儿园的教员，均需具备幼儿园教员资格证书。目前，日本幼儿园教员资格证书分为普通资格证书和临时资格证书两类。普通资格证书又分为幼儿园教谕专修资格许可证、一种资格许可证和二种资格许可证，这类证书全国通用，终身有效。

2. 培养体系逐步开放与完善

在我国，自20世纪50年代以来，幼儿园教师主要由中等幼儿师范学校培养。20世纪80年代以后，中专、大专、本科层次的学前教育专业都承担起了培养幼儿教师的重任。特别是2011年《国务院关于当前发展学前教育的若干意见》指出："完善学前教育师资培养培训体系。办好中等幼儿师范学校。办好高等师范院校学前教育专业。建设一批幼儿师范专科学校。"目前，我国专科层次的学前教师由高职高专院校进行培养，实施职业化教育，重视学前教育技能和技术的训练，培养合格的幼儿教师；本科层次的学前教师由普通本科高校进行培养，实行专业化教育，能力训练和知识学习并重，目标在于培养优秀的幼儿教师；研究生层次的学前教师由具有研究生招生资格的高校培养，实行学术性教育，致力于培养研究型、专家型的幼儿园教师。可见，以幼儿师范专科学校为主的专科层次、以地方本科院校为主的本科层次、以师范大学为主的研究生层次这个新三级培养体系正在逐步形成。

在美国，20世纪50年代初，美国共有139所师范学校改为师范学院，高等师范教育体系逐渐形成。但升格后的师范学院未能持续太久，到20世纪60年代末，多数师范学院又并入综合性大学或学院，成为其中的教育学院或教育系，幼儿教师的培养就从开始由师范学校进行培养逐渐过渡到由师范学院或大学和学院的教育院系进行培养。目前，若从学历层次来划分，美国幼儿教师的职前培养计划主要有副学士学位教育计划、学士学位教育计划和硕士学位教育计划。《开端计划法案》的最新声明要求在2013年之前，所有的开端计划项目教师至少要拥有副学士学位，其中50%以上的要有与早期教育相关的学士学位。

在日本，1949年《教员许可法及实施令》的颁布和实施，使日本幼儿教师的培养驶入了快车道。日本幼儿教师主要培养层次：在短期大学学习两年学前教育课程，至少修完62学分的大专毕业生；获得学士学位的学前教育专业的本科生；修完学前教育专业硕士课程的研究生。目前，日本实行"开放式"的教师培养制度，这一制度遵循两大原则：一是由大学承担培养教师的责任；二是教师资格证的颁发实行开放制。日本幼儿教师的培养机构，包括国立、公立、私立的师资培养大学，综合大学，一般大学，短期大学。幼儿教师主要由300多所四年制大学和二年制的短期大学培养。另外，当按大学规定的正规课程所培养的教员不足时，可由文部大臣指定某些机构培养，其水平相当于两年制短期大学的水平。此外，三所新设教育大学大学院（研究生院）及18所国立师资培养系统大学大学院所设的学前教育研究部开设硕士课程，为培养幼教师资和幼儿教师在职研修服务。

3. 重视课程模式建设与改革

我国开始重视课程模式改革。2011年，《教育部关于大力推进教师教育课程改革的意见》提出，要建设高素质专业化教师队伍，推进教师教育课程改革。该文件中有两方面的内容特别值得我们重视，一是优化教师教育课程结构，二是改革课程教学内容，特别是及时吸收儿童研究、学习科学、心理科学、信息技术的新成果。目前，我国一些学者认为我国现行的大专层次幼儿教师培养的课程模式存在着内容陈旧、学用不一等诸多问题，严重影响了培养质量。因此，专家学者提出应对课程加以调整。新的课程模式应该致力于提高学生的综合素质，在对学生进行专业训练的同时，要通过通识课程和社会实践课程培养学生的职业素养和基本职业能力。为此，要夯实专业基础，拓宽基础理论课范围，设置综合课程，重点改造专业课，删除陈旧、过时的内容，增加能反映新科学技术尤其是教育科学最新发展的材料。同时，加强实践课程，加强教育教学的见习和实习，开展多种形式的教育实践训练，提升学生的实践能力，培养学生的专业技能。

美国着力构建可衔接的幼儿教师培养分层课程。在美国，随着幼儿教师学历层次的不断提升，课程设置的深度和广度都在加大，形成了副学士课程—学士学位课程—硕士学位课程的有效衔接。例如，副学士课程在课程安排上，一般要求修满 60～70 学分，其中约 30% 的学分为通识课程，70% 的学分为专业／技术课程。多数为必修课程，选修课程所占比例不到 10%。通识课程包括英语基础、文学基础、数学基础、公共演讲、人际关系、地球科学、生物基础、美国历史等；专业／技术课程包括儿童文学、心理学导论、教育学基础、儿童成长与发展、幼儿园课程、儿童指导、儿童健康、儿童安全和营养、儿童保育、儿童观察和评估、田野实践等。学士学位课程在课程设置上，一般安排 70～80 学分的专业课程，加上先前所修的 50～60 学分的通识教育课程，总学分在 120～140 学分。幼儿教师教育的专业课程可分为学科专业课程、教育专业课程两大类。学科专业课程包括英语、数学、科学、社会等；教育专业课程主要包括教育基础、儿童发展、教育评价、教育心理学、幼儿教育导论、幼儿课程与教学、健康、安全和营养、观察记录与评价、幼儿教育前沿问题、幼儿教育临床实践、教育实习等。硕士学位阶段的课程一般为 40 学分左右，学制 1～2 年。以休斯敦大学的某硕士课程为例，其课程设置 36 学分，分别是 12 学分的教育专业核心课程、9 学分的学前教育专业必修课程、9 学分的学前教育专业选修课程和 6 学分的学位课程，另外，还要求学生在社区的幼儿机构中从事实践活动 160 小时。

日本鼓励学校自主开设课程。"二战"后，日本在师资培养课程方面不再强行规定师范学校固定的学科设置，各大学在不违反《教育职员许可法》的前提下，可根据文部省设立的领域和目标，自主开设有特色的、超过法定基准的学科课程和教育内容。课程的开设除了考虑社会对教师素质的要求外，还注重依据各种科学尤其是教育科学的最新研究成果。学科教育专业科目和教职专门科目设定履修标准和最低学分数，学生必须达到规定的最低标准。其中，一般教养科目分为人文、社会和自然科学三大领域，至少各修8学分，外语科目要修12学分以上，保健体育需修4学分。学科教育专业科目和教职专门科目与将来的教职密切相关，其中教职科目内容包括两方面的内容：一是关于教育基础性、理论性素养的，包括教育思想、教育史、教育制度及政策、教育与社会、文化的关系等；二是关于教育实践性的技术和方法的，指在学科学习及学科外的教育活动中，把从一般教育及专业教育中学到的知识编成教材，系统地传授给学生的方法和技术。教育实习是教职专门科目中的必修科目。

（四）国内外幼儿教师职后培训模式的发展趋势

近两年，在国家高度重视学前教育的背景下，我国学前教育获得了极大的发展，大量幼儿园新建和改扩建，社会力量新办的幼儿园数量增加，使幼儿教师的需求量大增，幼儿教师供不应求，加上原有幼儿教师队伍总体质量不高，幼儿教师培训就成为各方关注的焦点。把握幼儿师资培训政策、幼儿教师专业要求及目前幼儿教师队伍的现状，分析幼儿教师职后培训趋势，将有助于学前教育事业的发展。

1. 系统开发培训课程

2011年，《教育部关于大力推进教师教育课程改革的意见》提出，要建设高素质专业化教师队伍，推进教师教育课程改革。《教师教育课程标准（试行）》对在职教师教育课程提出了设置框架建议，明确指出，教师教育机构要依据课程标准，制订幼儿园、小学、中学教师教育课程方案，科学安排公共基础课程、学科专业课程和教师教育课程的结构比例。根据学习领域、建议模块及学分要求，确立相应的课程结构，提出课程实施办法，制定配套的保障措施。建立课程自我评估制度，及时发现问题，总结经验，不断完善课程方案。同时，教师教育机构要研究在职教师学习的特殊性，提供有针对性的在职教师教育课程，满足不同学习者的发展需求。在职教师教育课程要反映相关研究领域的新进展，联系教育实际，尊重和吸纳学习者自身的实践经验，解决实际问题，增强在职教师教育课程的针对性和实效性。

2012年，教育部出台了《幼儿园教师专业标准（试行）》。2012年，在全面实施"国培计划"的同时，教育部出台了《"国培计划"课程标准（试行）》。它从教师专业发展要求出发，以培训项目为切入点，建构起针对三类幼儿教师的课程标准（示范性短期集中培训项目针对地市级以上骨干教师专业发展需求，中西部短期集中培训项目针对农村骨干教师专业发展需求，中西部置换脱产研修项目针对农村义务教育学校有良好发展潜力的中青年骨干教师的需求），体现了"遵循教师成长规律，注重培训实践取向，针对问题解决，突出专业能力提升，服务教师终身发展"的理念。但是，从教师专业发展阶段划分来看，幼儿教师要经历新手期、成熟期、研究期，他们在专业成长过程中有不同的特点和培训需求。因此，在"国培计划"课程之外，还有大量幼儿教师培训课程有待开发和建构。

同时，在幼儿教师队伍中，除了幼儿园教师，还有园长、保教主任、保育员、保健医生、营养员等各种岗位的在职培训，培训课程开发与课程体系建构工作也有待完善。

2. 培训手段与方式丰富灵活

（1）信息技术进入职后培训

信息技术对教育领域的冲击，最直接的影响是教育手段的变革。互联网与多媒体技术的发展给幼儿教师职后培训手段的改革带来了新的变革。新知识、新技术和新信息的大量出现，使在职教师必须主动地参与到学习之中，以一种自觉的学习态度，从较高的知识层次上，具有超前性和针对性地汲取自己所从事的专业的信息，更新自己现有的知识，以应付可能出现的各种挑战。

信息化平台建设克服了时空的限制，学习者不再受地理位置和上课时间等因素的制约。最有价值的教学资源和最优秀的网站可以被世界上任何地方的学习者在任何时间使用。在职教师可以自由选择学习时间，克服了工作与学习之间的矛盾。

（2）培训方式灵活

幼儿教师培训要从外在的教育理论知识、态度和技能的"训练"转化为内在的"发展"，从单向"灌输"的教学方法转化为双向"对话"，从被动式接受转化为积极主动探索式发展，要改革幼儿教师职后培训的方式方法，使学员养成主动学习、与他人互动的学习习惯。如行动学习法可以促进在职幼儿教师反思能力的提高；案例教学法可以促使幼儿教师深入剖析发生过的"教育事件"并从中获取经验和教训；体验式学习法可以促使幼儿教师进入"真实"的教学情境，体验真实情境中的问题的处理等。

3. 分类分层培训成为必然

幼儿园是一个分工细致而明确的运作整体，每个角色都有不同的岗位职责与能力要求，幼儿园教师随着工作年限的不同也存在着不同的培训需求，可见，分类分层展开幼儿教师职后培训是职后培训的必然趋势。

（1）根据幼儿园岗位需求开展分类培训

幼儿园的岗位设置分工明确，园长、保教主任、教师是幼儿园保教工作中最为重要的三类岗位，应针对他们的岗位职责和能力需求特点进行培训。

园长培训。园长负责幼儿园的全面工作，应该具有"角色定位与文化力""经营与管理力""课程领导力""园本研究领导力""教师队伍建设力""改革与发展规划力"等"六大能力"，以"六大能力"为核心的系列课程就成为园长培训的主要内容。

保教主任培训。保教主任是幼儿园的中层管理者，承担着计划、实施并检查幼儿园的保教工作，关注幼儿的饮食与营养、安全及卫生，教师的日常考评，科研工作的开展及教材教具的购买等职责，要围绕保教管理执行与质量监控能力、园本教研指导能力、团队建设能力、心理健康与调适能力、教师培训能力、沟通与协调能力、专业发展指导能力等职业能力构建培训课程。

幼儿教师培训。幼儿教师是直接承担幼儿教育和保育工作任务的重要人员，要围绕保育能力、环境创设能力、游戏活动组织能力、教育教学能力、沟通与交流能力、观察与评价能力等方面对其展开培训。

（2）基于职业能力发展规律的分层培训

第一，基于园长工作能力的分层培训。

针对园长工作能力的分层培训就是以园长所处不同发展阶段为划分依据，根据每个阶段的特征和需求，开设相应的培训课程。

新任园长：这是指刚进入园长岗位的新园长，他们还不熟悉幼儿园整体的管理和园长的岗位职责，因此，培训课程安排以幼儿园基本的管理与运作、园长职责为重点，帮助新进园长尽快熟悉并适应园长身份，承担起管理幼儿园的责任。

成熟园长：这部分园长已有一定的工作经验，对于幼儿园管理已有初步的经验和想法，但对于幼儿园的长期发展规划及教育理念等问题会产生新的困惑和疑问。对于这部分园长，课程目的在于为他们提供先进的幼儿园管理理念，帮助他们增强规划发展幼儿园的能力，形成自己管理幼儿园的独特办学理念。

骨干园长：这部分园长具有丰富的幼儿园管理经验，形成了自己的办园理念，同时对学前教育有自己的思考。因此课程应为园长们提供一个相互交流、共同研讨的平台，在专家的带领下解决幼儿园发展的方向性问题。

第二，基于保教主任工作能力的分层培训课程。

根据保教主任的职业生涯特点，其培训课程也可划分为三个不同的阶段。

新任保教主任：新任保教主任的课程以熟悉岗位内容、保教相关知识为基础，旨在帮助新任保教主任胜任工作岗位、理清工作思路。

成熟保教主任：成熟保教主任的课程安排以经验的总结提升、进一步提高保教工作的管理水平为主要内容，目的在于提高保教主任的能力，使其高效完成工作。

骨干保教主任：骨干保教主任的课程除了进一步提升其个人的工作能力外，还加入了对其自主思考问题能力的培养、自己解决问题能力的培养。

第三，基于教师工作能力的分层培训。

针对不同发展阶段的幼儿教师，同样需开发具有针对性的课程，帮助不同阶段的教师实现教学质量的提高。

新手教师：新手教师具备较为全面的理论知识，但是欠缺实践的经验，对课程的具体安排及课堂管理等实践性的工作内容有很大的培训需求。因此，针对新手教师的培训，课程应以教师所需的基本教学技能和经验的分享为重点，帮助新手教师尽快适应教师身份。

成熟教师：成熟教师已完成教师身份的适应，基本能胜任教师的岗位工作，但面临专业发展上的困惑，并且容易产生职业倦怠。因此，针对成熟教师的培训课程安排以帮助其实现专业化发展、应对职业倦怠为主要内容，帮助教师实现专业发展，提高对教师的职业认同感。

骨干教师：骨干教师的培训课程着眼于提高骨干教师的专业能力和模范带头作用。骨干教师除了继续专注自己的专业化发展，还需对周围教师起模范带头作用，朝着学科带头人的方向努力，提高所在学校的教育教学水平。因此，培养骨干教师的自主探究能力和解决问题的能力成为骨干教师培训的重点。

4. 亟须建立培训评估体系

如何在培训过程中对教师培训的效果进行评估检验，这是长久以来困扰人们的一个问题。一方面关于教师教育观念方面的培训效果本身就很难量化；另一方面，关于教师教育技能方面的培训的评价容易流于表面，给研究效果的检验带来一定的困难。

英国师资培训委员会在全国性的大规模调查的基础上，于1984年发表了《学校教师的在职教育、培训和专业发展》的报告，其中提出了对教师在职教育和培训进行评价的九项指标：①教师是否根据学校、地方教育当局及本专业的发展目标确定了自己的培训需要；②校董事会、校长、高级管理人员、地方教育当局顾问是否支持、保证全体教职员参与培训；③地方教育当局是否有师资培训的配套政策；④是否拥有教师培训的校舍和设备；⑤是否有可供教师选择的适当培训形式（校内培训或校外培训）；⑥是否有可供教师选择的适当培训时间和活动方式；⑦培训课程是否与教师需要相关，是否以解决实际问题为主；⑧开设课程的高等院校和其他机构是否有一定的经验与技术；⑨学校的培训准备是否充分，培训后是否积极推广培训成果。

美国幼儿教师的职后培训效果评估，参照美国幼儿教育协会制定的《幼儿教育职业准备标准》。不同阶段的培训与不同层次的标准化评估体系紧密结合，一方面为各阶段的培训提供了具体内容、目标及要求方面的参考，使各阶段的培训有规律可循、有准绳可依，具有极强的操作性与实用性；另一方面，满足了美国多样化的学前教育机构与多层次幼儿教师职业的需求。这些评估体系不约而同地体现了对表现性评价方式与教师实际教学实践表现的重视，保障了不同阶段师资培养的质量。

在日本，职后培训效果评估主要是对每个教师研修后的指导能力及研修过程中所采用的研修方式进行评价。评价不仅仅依靠教育行政部门，大学研究人员、现场教师及教职员团体等也都参与其中。之后这些评价结果将被反映到研修方式之中，以便对研修计划进行不断的改善，提高研修的效果。

2012年出台的《幼儿园教师专业标准（试行）》为我国建立科学的质量评价制度提供了依据：开展幼儿园教师教育的院校要将该专业标准作为幼儿园教师培养培训的主要依据。这份标准的出台，也可以理解为我国具有了幼儿教师职后培训的效果评估依据。

2012年教育部下发的《"国培计划"课程标准（试行）使用指南》指出，要做好培训的考核评价工作；采取定性与定量相结合、学员与专家评价相结合、即时与后续评价相结合、自评与他评相结合的多种方式，对项目实施工作进行评价；要采取过程性考核与终结性考核相结合的方式，对学员的培训预期目标达成度进行评价；要注重对学员培训前后改进程度的测评等。但是，我国目前尚无权威的幼儿教师职后培训评估的具体标准，亟须建立评估体系。

二、各类幼儿园的不同需求

从社会公平和国家干预社会发展角度考虑，普通民众和弱势群体的幼儿教育需求应该由政府来满足。在幼儿教育市场中，公办园要体现财政支持的意义，而民办园则体现市场调节的意义。

1. 基准化公办园的教师需求

首先公办园的服务人群应该是所有公众，但在资源有限的情况下，公办园应该优先解决低收入家庭的学前教育需求。这是由学前教育的强外部性特征所决定的，即学前教育要体现干预性、补偿性和参与性的社会服务功能。所以，在考虑社会各阶层对学前教育的不同需求的同时，还要考虑学前教育的强外部性特征，以此解决弱势群体学前教育的公益性需求。比如一些幼儿生活在文化和经济都贫困的环境中，还有些幼儿虽然在经济上不贫困，却生活在不利于他们成长的家庭中，学前教育的社会性职能就是减少复杂环境对儿童的不利影响。复杂的社会环境决定了儿童生活环境的复杂性，相对于其他群体，这类人群家庭的儿童必须通过公办园获得基本的学前教育。

公办园的目标人群为普通的公众家庭，并且平价实惠，没有华丽高档的硬件装修和昂贵的收费，普惠到城镇广大民众，特别是城市中低收入家庭和外来务工家庭；办园理念是在保障幼儿园常规教育教学的同时，让孩子健康、快乐地成长，而非一味强调贵族精英教育和特殊才艺教育；在办园体制上强调它的公益性，是造福人民、提高国民素质的公共教育事业，而不是以赚钱为目的的营利性机构。

从国际经验看，为了保证公共投入能惠及目标人群，一般可以从进入机制和退出机制两方面来设计。"进入机制"是指公民获得公共服务需要符合的条件。政府往往通过设置"门槛"来限制服务的范围，以保证目标人群能够获得公共服务。在瞄准低收入家庭时，发达国家政府一般使用两种机制，一种是以家庭收入为标准，具有代表性的是美国"提前开端"项目；另一种是以社区经济水平为标准，具有代表性的是英国的"确保开端"项目。这两种机制执行效果有差异，所实施的条件不一样，对我国制定政策具有一定的启示意义。

"退出机制"主要是对那些经济情况较好、能够负担得起非公立幼儿园服务成本的家庭提供激励，鼓励他们离开公立幼儿园，去选择能满足他们服务需求的幼儿园。最主要的做法是为公共学前教育服务设置一个普遍的质量标准，高于这一标准的服务由市场或社会提供。

根据公办幼儿园的性质特点及发展战略，未来公办幼儿园对幼儿教师的需求总量将会随着公办幼儿园的增加而大幅度增加。公办幼儿园是普惠性的幼儿园，提供基准化的学前教育，公办幼儿园教师作为履行公办幼儿园教育工作职责的专业人员，首先必须是一名合格的教师，同时满足提供基准化服务的专业与职业素养要求，而不是开发甚至研究开发课程和试验新的课程。

2. 多样化民办园的教师需求

民办幼儿园的发展是要打破传统由政府直接提供学前教育服务的单一供给模式，引入其他学前教育供给主体，形成竞争机制，从而不仅有助于拓宽学前教育融资渠道，提高服务水平，满足人们多样化的服务需求，还有助于改变、激励、提高整个学前教育体系的服务质量和效率。

发展民办园，既要认识到民办园在发展学前教育中的重要作用，又要承认学前教育市场的不足，要通过加强对民办园的监管，不断完善市场机制。

对民办园的监管主要可以从三方面进行，即准入监管、价格监管、质量监管。

从理论上讲，对于民办园的质量监管，政府应该坚持鼓励民办幼儿园多元化发展的原则，首先要允许民办园提供有差异的学前教育服务，同时制定幼儿园质量的最低标准，最低标准要保证民办园的教育质量达到促进幼儿健康发展的基本要求。对于民办幼儿园提供的丰富多样的学前教育服务，纷繁多样的教育理念、办学定位和课程设计，家长往往难以分辨，加之家长专业知识有限，难以分辨所接收到的学前教育服务信息，因而教育监管部门可以通过加强质量检查、信息公开、信息解读等方式帮助家长理性选择。

质量监管直接影响到对教师的需求。民办幼儿园必须加强教师队伍专业化建设，一方面要努力达到相关专业标准、准入制度的基本要求；另一方面，要结合幼儿园的发展战略、突出特色，开发教师的特长和培养其开发或实施新理念、新课程的能力。

3. 非营利性幼儿园的教师需求

当前，各种类型的幼儿园都存在着自身的优势和局限。由于市场需求的多样化，我们需要一个混合的服务供给体。非营利性幼儿园是学前教育机构的重要组成部分，可以弥补公办园和营利性民办园在效率和公平上的不足。许多发达国家的学前教育发展经验表明，公办园和民办园往往并非是真正高质量、低收费的幼儿园，真正的高质低价的幼儿园往往是由社会力量举办的非营利性幼儿园。非营利性幼儿园为我国幼儿教育的发展提供了新的思路。

非营利性机构和学前教育相结合，更显示出了学前教育的公益性和福利性，而幼儿教师作为机构的专业人员，必须同时符合非营利的公益机构和学前教育机构对工作人员的能力素质要求，必须充满爱心，热爱公益事业和学前教育事业，具备高尚的师德、良好的职业素养、无私的奉献精神、崇高的教育理想、坚定的信念，充满热情和不懈追求的活力、风范，以及扎实的可持续发展的专业知识技能。

第二节　当前学前教育专业人才培养的现实

构建适合我国国情的学前教育专业人才培养模式，不是将当下已有的学前教育专业人才培养模式全部推倒重来，而是尽可能地改革当下学前教育专业人才培养模式。为此，要想构建适合我国国情的学前教育专业本科人才培养模式，必须先了解我国当下学前教育专业人才培养模式的现状。综合已有相关成果发现，我国学前教育专业人才培养模式的现状如下：

一、资深的学前教育专业人才培养模式风采依旧

尽管学前教育专业近年来才成为教育学类专业中的一个热门专业，但在一些老牌高等师范院校及诸多职业院校中，它其实是一个资历较深且不断发展的专业。迄今为止，不少老牌高等师范院校及职业院校已经探索出比较成熟的学前教育专业人才培养模式，比较典型的模式主要有以下四种：

1. "大教育—小学前"模式

此类模式突出了学前教育专业的学科属性，将学前教育作为整个教育学科的一部分，视学前教育与小学教育、特殊教育等教育学类专业为同一层次，因而，在人才培养中，习惯将学前教育专业人才放在大教育学背景下来培养，主要体现为该专业学生与其他教育学类专业一样，共同接受基础性的教育学科理论教育后，再系统地学习学前教育专业的相关理论课程，并接受学前教育专业的特殊实

践训练。这种模式在强调教育学科基础理论知识的同时，兼顾了学前教育专业的特殊专业性，体现了"厚普通教育学科基础、深学前教育专业知识"的特点。西南大学是此类模式的典型代表。

2. "专业教育—教师教育"模式

此类模式突出了学前教育专业的专业属性，将学前教育视为与语文教育、数学教育、物理教育、化学教育等学科教育一样的专业教育，因而，在人才培养中，习惯将学前教育专业人才培养分为学前专业教育和教师教育两部分。具体做法：在普通的学前专业理论、专业实践课程之外附加一个教师教育课程，一般包括2个必修学分、8个选修学分和12个实践学分。该模式体现了"宽教师教育、精学前教育"的特点。首都师范大学是此类模式的典型代表。

3. "平台—模块"模式

此类模式突出了课程在人才培养中的重要价值。此处的平台特指平台课程，模块特指模块课程。其中，平台课程是指学校、院（系）、专业三个不同平台所开设的课程，而模块课程是指某一平台上相关联的课程体系。学前教育专业的学生可以选择学习这三个平台上的不同模块课程。该模式淡化了传统培养模式在人才培养方面的狭隘专业观念，强调了课程在人才培养方面的特殊意义。西北师范大学是此类模式的典型代表。

4. "校'园'合作"模式

这里的"校"特指设有学前教育专业的学校，"园"特指各类幼儿园。"校'园'合作"模式亦称"工学交替"模式，是指学前教育师资培养机构和幼儿园签订人才合作培养协议，幼儿园向学校提出订单式人才培养需求，学校在相关课程设置与教学内容上以幼儿园的需求为依据。一般来说，学校采用"2+1"方式培养人才。其中，学生两年时间在校学习理论，最后一年在幼儿园实地学习。该模式突出了学前教育人才培养的定向性。不少设有学前教育专业的高职院校采用这种模式。

二、新型的学前教育专业人才培养模式

当下，随着学前教育的重要价值日益凸显以及学界对学前教育的认识逐渐加深，不少高校不仅争相申报学前教育专业，还竞相探索新的学前教育专业人才培养模式。在此背景下，多种新型的学前教育专业人才培养模式被不断推出。其中，以下几种模式尤为突出：

1. "全实践"模式

所谓"全实践",就是将幼儿教师专业发展中所有实践环节作为一个整体来系统定位、统筹安排。"全实践"模式亦称"田园耕作"模式,该模式注重突出学前教育专业人才培养的实践环节。在学前教育专业人才培养中,融入"全实践"的理念,通过名师指导,学生在做中教、做中学,从而扩大学生的"田园耕作经验",提升学生的具体实践能力。该模式主张"全实践"理念全程贯通整个人才培养过程,在培养内容上要体现全面整合,在培养理念上要体现全息渗透。此外,该模式强调在人才培养的不同阶段,安排不同层次与不同深度的专业见习、专业实习、顶岗带班。玉林师范学院是此类模式的代表。

2. "工学结合"模式

"工学结合"模式是将学习与工作结合在一起的教育模式。该模式突出理论与实践并重的学前教育专业人才培养理念,主张学生在校期间不仅要从事学习活动还要去实习基地工作,即主张学生边学习边实践,做中学、学中做,从学习中习得理念,从实践中获取能力。祁阳师范学校是此类模式的代表。

3. "反思实践"模式

该模式针对一般人才培养模式中或偏重理论的"学"或偏重实践的"行"而忽视沟通理论与实践之桥梁的"思"的现象,将舍恩提出的"反思性实践者"作为人才培养的理想形象,培养适应新世纪学前教育事业发展的高级专业性人才。该模式主张学前教育师资既要具备宽厚的自然与人文通识知识,又要具备精深的学前教育专业理论知识,同时还要具备将上述两者融合并运用于实践的反思性知识和反思性能力。为此,在课程设置上,该模式既注重通识课程的教学质量,又注重实践课程的反思性学习任务,主张学生在实践过程中形成反思意识与反思能力,做到"学、思、行"并重。常熟理工学院是此类模式的代表。

4. "全语言教育"模式

该模式是基于"全语言理论"提出的,旨在培养适应儿童的"形式语言"(中文、英语等)与"符号语言"(舞蹈、英语、肢体动作等)。该模式强调构建"全语言教育"师资团队,以"产—研"双师型教学方式或"3+1"教学方式来培养学生的"全语言"意识、"全语言"教学能力,以适应"全语言"教育。

第三节 当前学前教育专业人才培养的挑战

针对当下学前教育专业人才培养模式的局限，笔者认为，要想造就满足当今社会发展，尤其是学前教育事业发展所需要的学前教育专业人才，理应从以下几个方面改革现有的学前教育专业人才培养模式：

一、培养目标"重'本'务'实'"

"重'本'"是指重视本科层次学前教育专业人才的培养，使其有别于专科层次及中专层次学前教育专业人才；"务'实'"是指致力于学前教育专业学生实践能力的培养，使其毕业后能够胜任学前教育工作，满足社会对学前教育人才的需求。

先说"重'本'"。目前，我国学前教育师资的学历水平大都处于中专层次，而随着学前教育事业和社会的发展，学前教育师资的学历水平必然需要不断提升，未来的幼儿教师不仅需要专业层次的学历，还需要本科甚至研究生层次的学历。从世界发达国家幼儿教育师资来看，具有硕士、博士学历的幼儿教师越来越多，如美国和日本，博士担任幼儿教师已不鲜见。显然，我国学前教育专业必须重新定位培养目标。就学历而言，确定学前教育专业人才培养目标时，既要考虑学前教育专业学生发展的需要，又要考虑学前教育事业及社会发展的需要。立足当下我国学前教育事业及社会发展的实际，笔者认为，我国学前教育专业在人才培养目标层次上更应重视本科层次人才的培养。

再说"务'实'"。毋庸置疑，当下我国学前教育专业毕业生的实践动手能力普遍较弱，其主因之一是各级各类设有学前教育专业的高校并未真正重视学前教育专业学生实践能力的培养。由于学前教育工作的实践性普遍很强（除纯粹从事学前教育理论研究之外），实践能力薄弱的学前教育专业毕业生，显然难以胜任学前教育工作。为此，在确立学前教育专业人才培养目标时，务必明确地将"实践能力"作为重要的培养目标。

二、课程设置"增'选'强'基'"

"增'选'"是指增加选修课程的门数与课时;"强'基'"是指加强专业基础课程建设,具体而言,就是要精简内容重复的专业基础课程并适当增设一些有助于学生从事学前教育一线工作及促进学前教育事业发展的课程。

先说"增'选'"。从当下社会对学前教育人才的需求现实看,学前教育专业的毕业生远远不止于从事幼儿园工作,他们还可以从事学前教育研究,也可以从事家政服务、家庭教育及幼儿保健机构和民间各类亲子园等处的相关工作,为此,在学前教育专业课程体系中增设一些与家政服务、家庭教育及幼儿保健和亲子教育有关的课程以供学生选修,实属必要。

再说"强'基'"。加强专业基础课程建设,首先,要精练相关课程中部分重复的内容。比如,不少高校的学前教育专业同时开设了教育原理、中国教育史、外国教育史、学前教育学、学前教育史等课程,其中,教育原理与学前教育学有许多重复知识点,而中国教育史、外国教育史与学前教育史中的诸多内容也有重复。不言而喻,理应删减重复的课程内容或干脆整合关系密切的多门课程使之变成一门课程。其次,要增设一些有助于扩大学生视界、厚实学生专业理论功底及提升学生专业实践能力的专业课程。比如,打破"三学六法"("三学",即幼儿卫生学、幼儿心理学和幼儿教育学;"六法",即常识教学法、计算教学法、语言教学法、体育教学法、音乐教学法和绘画手工教学法)课程设置格局,增设学前教育科研方法、学前教育测量与评价、家政学、幼儿园游戏、幼儿玩具制作与指导、亲子沟通等专业基础课程。

三、教学方式"变'形'求'实'"

变"形"是指通过改革变化教学方式的形式;求"实"是指追求教学方式变革后的实效,即通过变革教学方式来提高教学的实际成效。所谓教学方式"变'形'求'实'"是指,在改革学前教育专业人才培养过程中的教学方式时,不仅应该重视从形式上改革其教学方式,更应该重视改革之后的教学方式是否有助于教学实际成效的提升。

在目前高校普遍重视教学改革的大背景下,学前教育专业教师已经普遍开始尝试打破过去惯用的"讲授式"教学,而代之以"讨论式"教学、"启发式"教学、"问题式"教学、"案例式"教学、"发现式"教学及"情景式"教学等形式为学前教育专业学生授课。不过,仅仅从形式上改革教学方式是难以促进教学实际成效提升的,尤其是不当的教学形式还会阻碍甚至降低教学成效。只有注重教学方式变革的实际成效,才能通过变革教学方式的形式来保障教学实际成效。为此,教师在改革或变革教学方式之前,应该充分挖掘教学内容并了解学生的当下学情,之后再通过比较并预期多种教学方式实施之后的成效加以选择,只有这样,教学方式的改革才更有针对性和实效性。

四、培养制度"刚柔并济"

所谓培养制度"刚柔相济",是指与学前教育专业人才培养有关的招生就业制度、教学管理制度及教师聘任制度,既应该坚持必要的刚性(严格管理),又应该坚持适度的柔性(弹性管理),做到该"刚"的"刚"、该"柔"的"柔",即刚柔相济、相得益彰。

就招生就业制度来说,首先应该改革招生方式,从生源上既确保学前教育专业学生应具备一定深度与广度的文化素质和艺术素质,又确保学前教育专业学生应具备必要的"幼教情结"(热爱幼儿教育事业与幼儿教育工作)和"幼教性格"(与幼儿教育事业或幼儿教育工作匹配的性格),使那些真正愿意且有潜质从事幼儿教育事业与幼儿教育工作的学生进入学前教育专业学习;其次应该加大学前教育专业的就业宣传、就业指导与就业联络力度,尽可能使那些有意愿且有相应素质的毕业生都能进入学前教育领域工作或继续修读学前教育专业。

就教学管理制度而言,一方面,进一步改革当下普遍实行的学年学分制,真正落实完全学分制,既要保证学前教育专业学生拥有更多自主学习的空间与时间,又要保证学前教育专业学生拥有更多机会与精力充实自己所欠缺的知识与能力;另一方面,进一步改革当下普遍滞后的实习制度,将实习分成教育调查、教育观摩、教育见习、教育实习(毕业实习)四个环节,并将这四个环节分别设置在学生修业期间的不同学年进行,从而加强实习的连续性与一体化。此外,加强对学前教育专业学生的毕业论文或毕业设计的管理,进一步提升学前教育专业学生的实践能力。

拿教师聘任制度来讲,关键就是要严格学前教育专业教师的聘任条件。尽管现阶段很难聘任到兼备学前教育理论和学前教育实践的"双师型"教师,但也不能轻易降低聘任条件而随便聘任学前教育专业教师。当前，在现有学前教育专业教师普遍缺乏学前教育实践经验的局面下，除了通过某些相关政策引导或激励他们经常深入学前教育一线进行实际体验外，还可以聘任一些具有师范教育背景的幼儿园优秀教师充实到学前教育专业教师队伍中来。

五、评价体系"多元综合"

从教育本体的视角来看，教育评价的根本目的不是证明教育的结果而是改进教育的过程。就学理而言，教育是一个十分复杂的系统，为了最大限度地改进教育过程，无论是教育评价的主体，还是教育评价的内容，抑或是教育评价的方式，都应该坚持"多元综合"，否则，要么其中的单一因素难以主导教育过程的改进，要么其中的多个因素难以构成改进教育过程的合力。显然，学前教育作为一种专业教育，与其人才培养模式相对应的评价主体、评价内容及评价方式均应坚持"多元综合"。从评价主体来看，应整合学前教育专业教师、班主任、辅导员、学生小组、学生本人、实习单位（机构）的相关人士等多元评价主体，并立足于促进学前教育专业人才培养不断发展的立场整合他们的评价结果。从评价内容上来看，应整合学生在校期间的各种理论学习、实践训练（包括人际交往、各类体育活动与课外活动、教育实验、教育见习、教育实习及毕业论文等），以之综合评价学生的学业成就与个性发展情况。从评价方式上来看，依据学前教育专业的特点，整合纸笔考试、实践考核、专题报告、演讲辩论、才艺表演及作品展览等多种评价方式，以之全面、客观地评价学前教育专业人才培养的质量。

第五章 学前教育专业培养目标的改革

第一节 学前教育专业改革的背景

20世纪50年代以后,新科技的发展呈加速之势,导致科技知识累积激增、陈旧率加快、生命周期缩短。20世纪七八十年代以后,科技发展、知识更新的速度变得更快,信息量激增、社会经济结构调整速度加快,社会科技的加速发展不但对人才提出了量的要求,而且提出了质的要求。传统的"一次性教育"和人才培养方式已经不能适应社会的发展,教育如何适应社会的发展,如何培养社会发展所需的人才,取决于从事教育工作的人员——教师的专业素养和专业能力。所以,变革教师教育体制,提高教师专业素养和专业教育能力成为教育改革要解决的首要问题。

一、从"师范教育"到"教师教育"

1681年拉萨尔在法国创立了世界上第一所师资培训学校,师范教育从此诞生,这是教师职业专业发展制度的起点。之后的很长一段时间,教师职业教育主要在师范院校中进行,在入职前即完成。20世纪80年代起,美国掀起了教师专业化运动,教师专业化发展迅速成为教师职业教育发展的世界性潮流,推动了许多国家教师培养新制度的建立。这场世界范围内的教师教育变革使传统的师范教育呈现出新的特征和发展趋势:一是政府十分重视教师和教师教育;二是大力加强教师教育法制建设;三是积极推进教师教育体系开放;四是着力提高教师教育层次水平;五是充分重视教师教育质量;六是系统开展教师职后继续教育;七是不断强化教学实习实践环节;八是紧密联系基础教育教学实际,以切实提高教师教育质量,促进教师专业发展。"教师教育"成了对教师职前培养和职后培训的统称,它是在终身教育思想指导下,按照教师专业发展的不同阶段,对教师实施职前培养、入职培训和在职研修等连续的、发展的、一体化的教育过程，具有连续性、一体化与可持续发展的特征。由此，人才培养模式发生了重大变革，教师的培养逐渐以开放性、专业性和终身性的现代教师教育取代过去封闭性、理论性和终结性的传统师范教育，进入一个崭新的发展时期。

在世界性教师教育改革大潮的背景下，我国政府也日益认识到教师教育质量是保证高质量教育的基础。2001年《国务院关于基础教育改革与发展的决定》明确提出要"完善以现有师范院校为主体、其他高校共同参与、培养培训相衔接的开放的教师教育体系"。2003年我国颁布的《2003—2007年教育振兴行动计划》指出要"构建以师范大学和其他举办教师教育的高水平大学为先导，专科、本科、研究生三个层次协调发展，职前职后教育相互沟通，学历与非学历教育并举，促进教师专业发展和终身学习的现代教师教育体系"。我国的教师培养从"师范教育"时代进入"教师教育"时代。与发端于20世纪60年代美国师范教育领域的世界性职业教育发展改革热潮相比，我国的教师教育改革具有如下特征：

（一）人才培养模式从学科本位向能力本位转变

能力本位是一种现代教育理念，与传统的学科本位或知识本位教育有较大区别。它产生于20世纪60年代，强调培养学生的综合职业能力。当时美国人把对教育质量的不满归因于教师的教育教学能力不足，要求改革师范教育，提高教师与教学有效性相关的能力。1967年，能力本位教育论提出，作为取代传统学科培养教师的师范教育的新方案，这种方案主张将对教师工作分析的结果具体化为教师必须具备的能力标准。该理念后来被传到加拿大成为一种现代职业教育理论，形成了提倡以能力为基础的职业教育体系，对世界职业教育产生了深远影响。能力本位职业教育理念于20世纪80年代逐渐被推广到欧亚及澳洲等许多国家，英国、澳大利亚等先后根据能力本位职业教育理念重新建构了本国的职业教育体系，将该理念推向了一个新的高度。

20世纪90年代初，能力本位的人才培养模式被引入我国的职业教育领域，继而被推向教师教育领域。长期以来，我国的师范教育由于受苏联教育家凯洛夫的教育理论影响，已形成"以教为主"的学科本位或知识本位的教学模式。其主要缺点在于重教师轻学生、重知识轻能力、重理论轻实践、重应试轻应用，以致培养出来的人才不能满足实践的需要。随着"教师专业化"概念的提出，"教师教育"逐渐取代了传统的"师范教育"模式，人们已经意识到，只有消除学科本位教学模式的影响,树立能力本位的理念,把对能力的培养作为教师教育教学的根本目标,把学生形成的能力高低作为教师教育水平的基本衡量尺度,即将"能力本位"作为教师教育教学改革的基本价值取向,才能真正实现教师教育教学改革的有效性。至今,我国的教师教育改革已经走过了几十个年头,能力本位的培养理念已经成为人们的共识。

(二)人才培养呈现出一体化、多样性与开放性的特点

1949年以来,我国的师范教育逐步形成了一个由师范学校、师范学院、师范大学组成的完整的教师职前培养体系。幼儿师范教育具有高师教育和中师教育两个办学层次。高师教育为中师教育培养师资,而中师教育培养一线幼儿教师。在国家教师教育体制的重大变革中,我国教师教育正在逐步实现从原三级师范(高师本科、高师专科、中等师范)向新三级师范(高师硕士、高师本科、高师专科)的过渡,提高教师教育的办学层次,建立职前、职后一体化的教育模式,建立教师专业化发展方向,不断完善教师教育质量保障制度是当前教师教育改革的重要任务,教师教育模式呈现出多元化、开放性的特点。现在中师教育已经完成了历史使命,幼儿师范学校纷纷并入高等师范院校或升级为各类幼儿师范高等专科学校。幼儿教师职前培养逐渐以高师为主,并呈现出多种学制并存的局面:一是五年制专科层次培养模式,招收初中毕业生,学制五年,培养具有专科学历的师资;二是三年制专科层次培养模式,招收高中毕业生,学制三年,培养具有专科学历的师资;三是本科师范院校培养模式,招收高中毕业生,学制四年,培养具有本科学历的师资;四是研究生学院培养模式,招收大学毕业生,学制两年,培养具有教育硕士学位的师资;五是中等师范学校或职业学校招收初中生,学制三年,培养具有中专或中职学历的师资。此外还有函授、自考等,形成了多种形式的学历教育体系。

与此同时,幼儿师资培养途径也由单一性向多样化转变,许多原来不承担幼儿教师培养任务的综合院校、中职学校也加入了教师教育的行列。多种类型教育机构参与、产学研相结合的开放性办学模式正在逐步形成。

(三)学历教育制度向双证书制度转变

教师资格制度是我国实行的一种法定的职业许可制度。只有依法取得教师资格、持有教师资格证书的人,才能被教育行政部门依法批准举办的各级各类学校和其他教育机构聘为教师。为鼓励兴办教师教育并保证教师队伍的质量,我国从

2000年起全面推行并不断完善教师职业资格制度，我国的教师教育开始从学历教育制度向证书制度转变。为确保教师从业者的素质和专业水平，2012年，我国统一采用国家标准进行教师资格考试，各级院校的幼儿教育专业毕业生不仅需要获得学历教育的毕业证，还必须参加严格的国家级考试，获得幼儿教师资格证方有从事幼儿教师职业的资格。

二、专科层次幼儿教师职前培养存在的问题

随着时代的发展，中华人民共和国成立以来实行的一整套师范教育制度已不能适应新形势的需要。教师供求关系和人才调节方式已经发生了变化，教师教育的主要矛盾已经突出地表现为提高质量的要求与提高质量的能力的矛盾，表现为传统供求方式与市场调节方式的矛盾，教师教育由量的需求向质的需求转变已经成为不可逆转的趋势。构建与提高教师教育质量相适应的现代教师教育制度在全面建设小康社会的终身教育体系中具有不可替代的重要地位。由于现阶段我国对幼儿教师的学历要求已经由中专层次提高到大专层次，承担幼儿教师培养任务的学校也由原来以中专学校为主逐渐过渡到以大专院校为主。

2010年7月颁布的《国家中长期教育改革和发展规划纲要（2010—2020年）》提出了到2020年基本普及学前教育的目标，社会对合格幼教师资的需求激增，这种需求不仅包含迅速增长的量的需求，也包括日益提高的质的需求。调查发现，目前师范学院培养的学前教育专业毕业生往往偏重于学术研究和理论素养，由于实践技能的弱化，他们难以胜任幼儿园的教育和保育工作，而中等专业学校的幼师专业毕业生虽然注重技能的培养，但往往理论水平不够。幼儿园市场最看好的是具备一定理论、实践技能相对较强的富有爱心的专科层次毕业生。在这种需求的推动下，近年来专科层次幼儿教师的培养规模增长迅猛，学前教育专业毕业生和在校生人数大大超过本科层次，占据了幼儿教师职前教育的半壁江山，已经成为名副其实的大众化高等教育，幼儿教师的职前培养进入以专科层次为主的阶段。专科层次幼儿教师培养机构尤其是各省市幼儿师范高等专科学校责无旁贷地承担起了大规模地培养幼儿教师的任务，已经成为幼儿教师职前培养的主力军。然而，由于专科层次的幼儿教师教育起步较晚，并且在招收学生的起点和学制类型上呈现出复杂化的新局面，有高中起点、初中起点，有"五年一贯制"和"3+2"学制，还有"2+3"学制，这种局面导致该层次的人才培养模式成为人们热议的

话题，如何保证和提高专科层次学前教育专业人才培养的质量也成为备受关注的焦点。

由于长期处于受忽视的状态，专科层次学前教育专业的人才培养在理论上缺乏研究，在实践上倾向于照搬本科或中专层次学前教育专业的培养模式，还存在着专业化程度低，专业发展意识和专业发展能力弱，职业道德、职业技能不全面，文化理论素质不强，教育与科研能力不足，学历达标与能力达标有差距等问题，人才培养质量与就业市场需求仍有一定的距离，毕业生上岗需要较长的适应期，发展的后劲不足，不能很好地承担幼儿园课程深入改革和持续发展的重任。产生这些问题的直接原因是一些院校的人才培养没有真正贯彻以就业为导向、以能力为本位的教育理念，在人才培养目标和规格、课程体系与内容、教学方法与手段、师资素质与能力要求上存在误区。

（一）对人才培养目标与规格的认识有偏差

相当一部分培养专科层次幼儿教师的学校的观念并没有从知识型人才的培养目标上转变过来，对培养目标的认识不明确，对培养规格的定位不准确，缺乏适宜性、前瞻性和统筹性。

1. 培养目标定位不准，职前培养目标与职后培训目标相脱节

一些院校不了解国家和社会对专科层次人才培养的要求，对专科层次人才培养的目标定位照搬本科；为社会和幼儿园服务的意识不强，缺乏对教育市场的调查了解，培养目标落后于当今社会学前教育发展形势的要求；在目标设置上缺乏教师教育职前职后一体化观念，教师成长各阶段培养目标的层次不分明、表述不具体，缺乏针对性。

2. 培养规格层次不清，没有体现专科层次的特点

由于长期以来受到"知识型教师"理念的影响，把教师看成知识的象征、理论的权威，缺乏针对专科层次生源素质状况和对专科层次培养目标的研究，专科层次人才培养规格沿袭本科院校系统传授教育类学科知识的传统，重视系统知识的掌握而忽略技能与能力的形成，没有体现专科层次的特点。有的院校忽视对职业能力与职业素养的要求；有的院校对艺术技巧要求接近专业化水平，对教育技能重视不足，普遍缺乏对学生的学习能力和反思能力的重视。

（二）课程设置与内容选择不合理

一些高职院校的学前教育专业仍沿袭着传统的师范教育课程设置，受制于传统师范教育课程理论的滞后性、培养目标的模糊性和师范体系的封闭性三个因素，存在以下几个突出问题：一是课程设置的功能定位不明确，较多地偏向于专业知识的传授，忽视广博知识和知识探究方法的培养，造成学生专业口径偏狭、知识面窄；二是课程体系与就业岗位要求有较大差距，专业教学没有完全结合幼儿园的实际需要，与职业资格证书联系不够紧密，传统课程多，与实际工作密切相关的课程少，课程设置滞后于幼儿园教育教学改革实践的要求；三是课程体系的内部结构不合理，课程的学科体系特点十分明显，过分追求学科知识的系统性、完整性，理论知识偏多、偏深，偏重于学术性，教学内容陈旧，"学""用"脱节严重，"教什么"和"怎么教"的两类课程比例失调，各门课程自成体系，相关课程联系不紧密、关系不明确、内容陈旧且重复交叉；四是教师的职业性质体现不明显，职业理想塑造、职业知识教育与职业技能训练不够；五是没有突出实践性和职业能力的培养，实践课程明显不足，职业活动课程基本没有，实践项目与内容的选择不够科学。

（三）课程实施不到位

由于单一的灌输式教学方式仍然为主要的教学方式，师生之间很少交流，教学仍采用多年形成的传统方法，教学形式简单，不能适应社会的需要；实践课、技能课程管理没有纳入正轨，规章制度不健全；艺术课重技艺轻教法，既不适合高考招生模式下的生源现状，不利于大众化阶段的大班艺术教学，又不适合幼儿园教育的发展实际，错失了艺术的教育与创意价值。

（四）职业技能教学存在误区

过于追求艺术技能的专业化训练，未能突出对幼儿教师教育技能的培养，没有建立完整的技能教学体系，没有形成相应的考核制度和标准体系，没有采取相应的考核措施；学生参与实训意识不强、缺乏主动精神；对职业技能的实训不够重视。

（五）没有建立完整的实践教学体系

理论性课程与实践性课程割裂，实践教学未能形成包含目标、内容、实施与考评的完整体系，所学内容脱离实际，对实践的操作性指导不强，学生的能力成长缓慢；实习的时间较短，实践教学设施设备投入不足，实践教学基地不足或者联系不紧密，校内无保教型和拓展型实习实训室，没能真正做到产学研结合和校企深度合作。

（六）"双师型"教师队伍尚未形成

师资队伍实践能力缺乏，一些新开设的课程缺乏相应师资，具体表现在两方面：一方面，指导教师数量明显不足；另一方面，指导教师的人员结构不合理，过于依靠本校具有一定理论素质的教师队伍的指导，忽略对幼教机构拥有实践经验师资的利用。本校指导教师队伍的能力结构也存在问题，过于重视提升指导教师队伍的专业理论水平而忽略丰富其学前教育实践经验。

究其原因，在于长期受培养师范教育理论型人才目标的影响，多数专科层次幼儿教师职前教育机构在思想观念上还处于逐步转变时期，往往存在对培养机制的转型不够重视的问题，没有深入地剖析该层次人才培养工作所肩负的特殊使命与所应具备的特点，没有树立能力本位的教育理念；没有很好地研究职前职后一体化的问题职前教育本身在培养目标、课程设置、内容安排、教学方法、管理、考核与评价体系一体化等方面的问题；"双师型"师资队伍建设时间短、任务重，其步伐落后于增长迅速的招生规模。同时，虽然传统的幼儿师范教育模式有着自己的制度保障及运行方式，但转型中的幼儿教师教育新的模式尚处于探索期。原有的师范教育办学思想、教育理念、教育目标、专业建设、课程设置、课程体系及教学方式、教育质量监控和评价等在向以终身教育思想、教师教育一体化等教育理念为内涵的教师教育转型过程中，被赋予了更多新的内容和含义，需要我们在转型动因的推动下，积极进行专科层次幼儿教师职前培养模式的探索和创新。

三、改革的思路

身处教师教育改革热潮中的专科层次幼儿教师职前教育在我国教育体制中属于高职高专系列，兼具师范性和职业性双重特性，是一种特殊的职业教育，与高等职业教育从生源素质到培养目标均属同一层次，体现教师教育与职业教育改革的共同特征，因此，专科层次幼儿教师职前教育改革应该基于职业教育，践行工学结合的改革理念，实行以就业为导向、以能力为取向的人才培养模式。

（一）与职后培训相衔接形成多层次、一体化的幼儿教师终身教育模式

专科层次幼儿教师教育必须从思想到行动上都发生根本性的变革，以幼儿教师职业生涯发展规律为背景，以能力发展为主线，从幼儿教师职业胜任力出发，与职后教育相衔接，建立起幼儿教师教育的职前、职后各层次在目标、内容、方法等方面既有所不同又具有共性和相互衔接性，既各有侧重又有内在联系的幼儿教师教育体系，促进幼儿教师的持续发展。

（二）以就业为导向，构建能力本位的人才培养模式

人才培养模式是在一定的教育思想观念的指导下，围绕教师教育目标，对教师培养过程中专业与专业方向、课程体系、培养内容、培养方法、质量监控等若干要素的科学设计与有机组合。一体化培养模式改革要求专科层次幼儿教师职前教育从教育目标与规格、课程体系与内容、教学方法与手段、教学管理、办学模式等多个方面全面突破传统的办学与人才培养模式，以就业为导向，建构能力本位的人才培养模式，将职业性与师范性并举，优化人才培养计划，深化课程改革，引入行动导向教学方法和体系；明确服务目标，调整公共课、基础课、专业课及实践教学的课程比例，提高学生的教育教学技能，突出综合性，强调实践性，增强适应性，体现职业性，培养终身学习的内在动力，注重学生综合素质的提高，促进学生身心和谐发展，构建师生共同成长的学习共同体。

1. 合理定位人才培养目标，设立多方向的学前教育专业群

将职前职后一体化的学前教师教育体系与学前教育机构的改革与发展紧密相连，依据幼教机构的人员需求和办园特色，依托由教育行业专家参与的专业建设指导委员会，以高职高专层次培养高端技能型人才为目标，贯彻国家对幼儿教师标准的要求，综合制定人才培养目标。根据教育职业群的岗位需要和学生需求灵活设计专业（方向）群，探索不同种类、不同层次技能型人才系统培养的制度和形式，包括三二分段制专科、"2+3"学制专科、函授专科、函授本科等。采取"高升专""函授专科"等形式，加强与其他中专层次联合办学，促进中等和高等职业教育两个不同办学层次的协调发展。

2. 以"工学结合"理论为指导，构建理论与实践一体化的人才培养模式

打破学科体系，设计和实施理论与实践一体化的课程。以典型工作任务流程组织和调整课程内容，删减冗余，弥补缺失；增加训练载体，强化职业能力。推

行仿真教学、项目教学、案例教学、技能打包教学等教学新方法。推荐讨论式、探究式、协作式和自主学习，强化实践教学，加强信息化资源建设，构建网络学习平台。

推进以学生为中心的教学方式变革。以学生的发展为本，以显性知识学习和隐性知识的习得为主，以学生为中心，创造一切条件提高学生的自主学习能力，以便其适应未来职业的发展变化；积极推行与生产劳动相结合的教学模式，充分依靠幼儿教育行业，加强产学研合作，密切校企合作、工学结合，共同推进教学模式的改革创新。

强化专业技能与实践能力，建立完整的技能教学和实践教学体系。突出幼儿教师教学技能内容的实用性、针对性、可操作性；建立完整的技能教学体系，形成相应的考核制度和标准体系，采取相应的考核措施；形成实践教学目标、内容、实施与考评相结合的完整体系。将幼儿教师教育技能引入幼儿园教学的实际情境之中，课程内的实践（实训）环节遵循"能力本位"思想，"教、学、做"合一，"手、口、脑"并用，使学生在"学中做、做中学、学做结合"过程中提高实践能力。在实践教学方案设计与实施、指导教师配备、协同管理、实习实训安全保障等方面与幼儿园密切合作，提高教学效果。

注重培养职业能力。加强对幼儿教师职业道德与职业精神的研究，加大实践教学力度，实行"双导师制"，通过顶岗实习、园长助理项目等实践活动，与幼儿园一线教师共同完成实践课教学任务；通过聘请行业专家开展讲座、演讲，师带徒等方式为校内实训创建真实的岗位训练，将职场氛围和企业文化引入校园；鼓励学生获得"双证书"，帮助学生零距离就业。

改革评价模式，以能力水平和贡献大小为依据，构建学校、行业、企业和其他社会组织等多方参与的学校教育教学评价模式。

3. 双向开发教师队伍资源，培育"双师型"队伍

一是调整师资队伍人员能力结构，充分利用实践经验丰富的幼儿园优秀教师资源，建立兼职教师资源库，充实师资队伍实践指导力量；二是加大人才引进力度，通过校企合作培育校内现有师资，增加"双师型"教师队伍的数量，提高"双师型"教师的比例，从而提升"双师型"队伍整体素质，提升教师行业引领能力和技术服务意识。

4. 加大投入,强化实训基地建设

加大实践教学设施设备的投入,建设校内保教型和拓展型实习实训室,满足实践教学的需要。

第二节 学前教育专业改革的依据

一、政策依据

促进教师教育的改革和发展,政府重视是前提,法规和制度保障是关键。以法律法规使教师教育制度化,通过教育立法和制度建设为教师教育提供法律和制度保障已经成为世界上许多国家共同的做法。为了保证师资素质、规范教师行为,落实《幼儿园教育指导纲要(试行)》,我国教育部相继出台了《幼儿园教师专业标准(试行)》《教育部关于开展中小学和幼儿园教师资格考试改革试点的指导意见》《教师教育课程标准(试行)》《3~6岁儿童学习与发展指南》等四个政策文件,对幼儿教师的能力素质与行为规范的要求从过去的低标准、宽要求、重理念引领,逐渐过渡到高标准、严要求、重操作指导。

(一)《幼儿园教师专业标准(试行)》是改革的政策依据

《幼儿园教师专业标准(试行)》指出,幼儿园教师是履行幼儿园教育工作职责的专业人员,需要经过严格的培养与培训,具有良好的职业道德,掌握系统的专业知识和专业技能。它是国家对合格幼儿园教师专业素质的基本要求,是幼儿园教师培养、准入、培训、考核等工作的重要依据。为贯彻《幼儿园教育指导纲要(试行)》中五大领域的教育目标、教育要求,在实际保教活动中落实指导要点,《幼儿园教师专业标准(试行)》从专业理念与师德、专业知识、专业能力三方面对幼儿教师分别规定了14个领域62项应具备的能力素质标准,架构了教师需要具备的知识、能力和素质的基本结构,明确指出开展幼儿园教师教育的院校要重视幼儿园教师职业特点,加强学前教育学科和专业建设,完善幼儿园教师培养培训方案。该文件指出了合格的幼儿园教师应具备的基本专业素养,并引领和促进了幼儿园教师的专业发展,在一定程度上为各幼儿教师培养院校调整培养理念、修订人才培养方案、优化课程体系提供了政策依据。

首先,该文件对幼儿园教师的师德与专业态度提出了特别要求,强调师德与专业态度是教师职业的基准线,明确提出要高度重视幼儿的生命与健康,并从专业态度、知识和能力三个层面全面提出了具体要求。

其次,该文件在专业能力方面的要求充分体现了幼儿园教育的突出特点和保教工作的基本任务,特别强调了幼儿园教师所必须具备的能力,如良好环境的创设与利用、幼儿一日生活的合理组织与保育、游戏活动的支持与引导、教育活动的恰当计划与实施能力等,在基本要求层面充分反映了幼儿园教师必备的专业态度、知识与能力。该文件特别强调了幼儿园教师要将幼儿的生命安全和身心健康放在首位并具有相应的专业知识和能力,要掌握和尊重幼儿身心发展的年龄特点和个体特点,重视生活对幼儿健康成长的重要价值,重视环境和游戏对幼儿发展的独特作用,掌握幼儿园环境创设、一日生活安排、游戏与教育活动、班级管理的知识与方法等。

再次,该文件充分体现了幼儿园教师工作的基本特点,强调了幼儿园教师必须具备的教育教学实践能力,对幼儿园教师必须具备的教育教学能力提出了明确要求,特别强调幼儿园教师要具有观察了解幼儿、掌握不同年龄幼儿身心发展特点和个体差异的能力;要求幼儿教师能根据幼儿的特点和需要,给予适宜的指导,并能引发和支持幼儿的主动活动,引导幼儿在游戏活动中获得多方面的发展。

最后,重视幼儿园教师的反思与自主专业发展能力,强调幼儿园教师要具有不断进行专业化学习、实践、反思和提高的意识与能力,体现了现代社会发展、教育改革对教师的必然要求。

从《幼儿园教师专业标准(试行)》的基本内容与要求来看,专科层次学前教育专业的改革要培养学生形成幼儿教师必备的专业素质与水平,达到幼儿教师必备的任职条件,就必须强调学生的师德与专业态度的养成,强调知识掌握的综合性和广泛性,突出综合实践能力培养的重要性。然而,该文件毕竟是对幼儿教师需要具备的专业素质能力与行为规范的必然要求,是对幼儿教师终身学习需要达到的长期发展目标的总体要求,可以理解为是在幼儿教师的持续成长过程中逐步实现的。该标准并没有对幼儿教师的职前学习与职后发展各阶段应该达到的具体层次提出更为具体的目标和评估标准。各层次的教育机构还需要进行具体分析,按自身培养层次划定阶段性的具体培养目标,以便为评判幼儿教师及其培养机构的资质提供更为具体的标准和依据。同时,该文件的内容选择与所提要求还需要我们加以研究、加深理解,阐释标准的知识基础和专业价值观,明确幼儿教师应该具备怎样的表现、为什么要具有这些表现，从而理解该标准制定和产生的原因，分析标准的必要性，增强标准的可操作性，以便深入理解标准的内涵和外延，将其与幼儿教师教育实践改革紧密结合。

（二）资格考试是改革的检验途径

幼儿园教师资格考试主要考查从事教师职业所必需的职业道德、专业知识与基本能力三方面。合乎资格要求的幼儿教师必须具有先进的教育理念、良好的法律意识和职业道德，具有从事教师职业所必备的科学文化素养和阅读理解、语言表达、逻辑推理和信息处理等基本能力，掌握教育教学、学生指导（幼儿保育）和班级管理的基本原理和基本知识，能正确解决教育教学中的实际问题，具备学科教学能力，掌握专业领域的基本知识，掌握教学设计、教学实施和教学评价的基本原理和方法，并能在教学实践中正确运用。

幼儿教师资格考试规定了各级各类幼儿教师教育院校人才培养要达到的基本水平线，是对人才培养能否达到国家基本要求的检验标准。它是一种以实践为目标、以教学为核心的评价体系和考核制度，通过考试的方式使课程与专业标准的要求得以落实，这是实现《幼儿园教师专业标准（试行）》与《教师教育课程标准（试行）》的有效手段。教师资格考试制度的改革表明了国家通过严格管理以保证教师从业人员素质的决心，也为幼儿教师职前培养的目标规格和教学改革提供了基本依据。

（三）《教师教育课程标准（试行）》是改革的具体指导

贯彻执行《教师教育课程标准（试行）》是实现专业标准的途径。为落实《国家中长期教育改革和发展规划纲要（2010—2020年）》的要求，深化教师教育改革，全面提高教师培养质量，建设高素质专业化教师队伍，推进教师教育课程改革和实施《教师教育课程标准（试行）》，2011年10月，《教育部关于大力推进教师教育课程改革的意见》颁布，对幼儿教师的培养提出了全新的要求，指出通过创新教师教育课程理念、优化教师教育课程结构、改革课程教学内容、改进教学方法和手段等方面的措施，推进教师教育课程改革。

《教师教育课程标准（试行）》针对我国教师教育课程的弊端，立足改革开放以来的改革实践，并借鉴国际教师教育的经验，将幼儿教师教育课程目标确定为，幼儿园职前教师教育课程要帮助未来教师充分认识幼儿阶段的特性和价值，理解"保教结合"的重要性，学会根据幼儿的成长特点进行科学的保育和教育；理解幼儿的认知特点和学习方式，学会把教育寓于幼儿的生活和游戏中，创设适宜的教育环境，保护与发展幼儿探究、创造的兴趣，让幼儿在愉快的幼儿园生活中健康地成长。这一标准把课程内容分为六个学习领域，即儿童发展与学习，幼儿教育基础，幼儿活动与指导，幼儿园与家庭、社会，职业道德与专业发展，教育实践；建议开设幼儿认知与学习、特殊儿童发展与学习、教育哲学、课程与教学理论、学前教育原理、幼儿游戏与指导、教育活动的设计与实施、幼儿健康教育与活动指导、幼儿语言教育与活动指导、幼儿社会教育与活动指导、幼儿科学教育与活动指导等课程模块。文件还对不同学制的幼儿教师教育课程的学分与学时提出了不同的要求，规定专科和本科层次的学生在校期间的实习不少于18周；要求改革课程教学内容，把社会主义核心价值体系有机融入课程教材中，精选对培养优秀教师有重要价值的课程内容，将学科前沿知识、教育改革和教育研究最新成果充实到教学内容中，尤其应及时吸收儿童研究、学习科学、心理科学、信息技术的新成果；要将优秀教学案例作为教师教育课程的重要内容；加强信息技术课程建设，提升师范生信息素养和利用信息技术促进教学的能力。

　　该课程标准凸显了三大改革原理："儿童为本"（教师学习的内容取向），这是"以人为本"在教育中的具体体现；"实践取向"（教师学习的实践性质），教师是反思性实践者；"终身学习"（教师学习能力的持续发展）。该课程标准提出了教师教育的三个目标，即教育信念与责任、教育知识与能力、教育实践与体会，强调实践取向的教师教育课程改革。专家指出，这次课程改革有五大特点：一是形式上由教学大纲改为课程标准，按照课程标准格式设计了目标领域，每个目标领域确立了三级教师教育的六大学习领域，每个学习领域有具体的目标和要求；二是强制性规定了各级各类教师教育机构人才培养方案中开设教师教育课程的比例和学分要求；三是目标领域和学习领域的基本要求全面反映了当代教育研究的新成果，基本清除了苏联教育学的教学计划、教学大纲、教科书概念，吸收了教师专业化和当代儿童心理研究的新成果；四是反映了基础教育改革对教师教育的新要求；五是课程模块化、活动化、少课时化。有专家认为，《教师教育课程标准（试行）》的颁布，标志着教师教育课程由长期存在的学科化、理论化、学术化向专业化、职业化、实践化的大转型。各幼儿教师培养院校的课程改革应该体现"育人为本、实践取向、终身学习"的新理念，在课程内容上涵盖以上六大学习领域，并根据自身的培养层次与目标各有侧重地安排相应的课程内容与学时。

(四)《3~6岁儿童学习与发展指南》是改革的重要参考

为深入贯彻教育规划纲要，落实《国务院关于当前发展学前教育的若干意见》，帮助广大幼儿园教师和家长了解3~6岁幼儿学习与发展的基本规律和特点，全面提高科学保教水平，2012年10月教育部印发《3~6岁儿童学习与发展指南》，要求切实把先进的教育理念和科学的教育方法落实到幼儿园保教工作的各个环节，渗透到学前教育专业的教学内容中。《3~6岁儿童学习与发展指南》彰显以人为本的理念，高扬尊重儿童的旗帜，从健康、语言、社会、科学、艺术五个领域描述了幼儿的学习与发展。每个领域按照幼儿学习与发展最基本、最重要的内容划分为若干方面，每个方面分为两个部分：一是学习与发展目标，分别对3~4岁、4~5岁、5~6岁三个年龄段末期幼儿应该知道什么、能做什么、大致可以达到什么发展水平提出了合理期望，共32个目标。二是教育建议，根据幼儿的学习与发展目标，针对当前学前教育普遍存在的困惑和误区，列举了能够有效帮助和促进幼儿学习与发展的教育途径与方法，同时也指出了错误做法对幼儿终身发展的危害，为广大家长和幼儿园教师提供了具体的、可操作的87条教育建议。

《3~6岁儿童学习与发展指南》是《幼儿园教育指导纲要（试行）》的下位文件，是落实《幼儿园工作规程》和《幼儿园教育指导纲要（试行）》的具体指导，具有很强的操作性，能使学前教育工作者更加明确学前教育的理念、各年龄段五大领域教育的具体目标和相对应的教育措施。每一位幼儿教师都有正确理解和执行并向社会做广泛宣传的责任和义务，因此必须将《3~6岁儿童学习与发展指南》中先进的教育理念与内容要求渗透到学前教育专业课程内容中。

国家层面的重要文件从不同方面向幼儿教师教育培养机构表达了国家对合格幼儿教师培养的基本要求，从培养标准的确定到课程设置的指导，从教学内容的建议到培养效果的考核检验，为幼儿教师培养院校的人才培养提供了重要的参考和依据，便于将国家对合格幼儿教师的要求落实到具体的课程与教学改革中。理解和把握这些文件精神，思考专科层次学前教育专业的课程改革，本书达成了如下理解：

①专科层次学前教育专业课程必须以教师专业化为导向，树立"育人为本、实践取向、终身学习"的教师教育理念。

②专科层次学前教育专业课程需要从幼儿教师必备的专业素质结构的三个方

面，即专业理念与师德、专业知识和专业能力来构建课程结构与内容，在课程设置上体现师德为先、能力为重的理念，进行能力本位的课程设计。

③专科层次学前教育专业课程必须遵循从实践中来、经过实践和到实践中去的规律，从幼儿教师职业的实际需求出发，全面改革幼儿教师职前教育课程体系，重视教学方法和实践课程体系的研究。

④在教学内容上要求重视《3～6岁儿童学习与发展指南》中所提出的教育理念、目标及教育措施，并渗透到各门专业课程的具体内容中。

二、用人单位需求特点

1. 由追求高学历向追求高能力方向转变

随着时代的发展，我国幼儿教师的学历水平有了大幅提高，幼儿教师学历层次虽然已经基本能满足社会的要求，但有的幼儿园对高等院校培养出来的应届毕业生并不认可，认为他们是高学历、低能力。例如，在调查中笔者发现，有的幼儿园宁愿要专科生不要本科生，还有的甚至因中专毕业生年龄小、可塑性强、职业忠诚度高，宁愿选择录用中专幼师生来解决本园的师资问题，在实践中培养能力，通过在职进修提高他们的学历。因此在当前幼儿教师培养过程中，如何提高学生的专业能力与职业忠诚度，将是高等院校需要解决的重要问题。

2. 由理论型向应用型方向发展

幼儿教师是实践型、应用型人才，综合素质的核心是要解决如何教的问题。学前教育首先要了解并认识幼儿的兴趣、爱好和发展特征，然后结合教育理论和教师自己的教学风格，最后产生最佳的教育策略。既然如此，就应该打好学生的理论基础，重视和强化基本技能的训练，不断提高学生的综合素质修养，将技能培养作为幼儿教师的专业核心课程。

3. 要求具有崇高的职业道德

崇高的职业道德既是幼儿教师不可缺少的素质，也是社会（用人单位）所看重的重要素质。职业道德以幼儿教师职业道德规范为内容，其中，忠诚于教育事业是职业道德的灵魂，热爱儿童、尊重儿童是职业道德的主要表现，教师之间的团结协作是职业道德的组成部分，为人师表是职业道德的核心，依法执教是职业道德的保障。

4. 由推崇技能熟练者向反思性实践者方向发展

专科层次幼儿教师职前教育的主要任务是培养学生熟练的技能技巧，然而国家对幼儿教师的要求是"专家型的教师"，因此在熟练掌握技能的基础上，幼儿教师还要在教育实践中逐渐养成主动反思的习惯。只有学会反思，才有可能成为反思型实践家，最终才有可能成为教育家。可见，反思性是幼儿教师质量需求的新动向，在幼儿教师培养过程中应予以高度重视。

5. 需要创新型的幼儿教师

我国需要创新型的人才，而创新型人才培养的关键在于教师。只有幼儿教师有创新能力，才能促进儿童创造性技能的发展。由于教育的复杂性，学前教育中存在着大量的问题，需要一线的教师参与到学前教育的研究工作中，这就迫使教师要具有创新能力。

第三节　学前教育专业的培养目标与规格

高职高专院校专业人才培养的过程是确定专业培养目标与规格、构建工学结合人才培养模式、实施人才培养方案的过程。

一、幼儿教师教育的目的与职前阶段的教育目标

（一）"目的"与"目标"

《现代汉语小词典（第五版）》对两者的定义："目的"是指想要达到的地点或境地、想要得到的结果；"目标"是指射击、攻击或寻求的对象，想要达到的境地或标准。在有意识区分两者的英文著述中，目的是比较抽象的，它强调结果，是某种行为活动的普遍性的、统一性的、终极性的宗旨或方针。目标则比较具体，它强调条件（或过程），是某种行为活动的特殊的、个别化的、阶段性的追求或目标。某一行为活动目的的最终实现有赖于许多隶属的具体行为活动目标的实现，目的贯穿于各个具体目标之中，两者的区别是显而易见的。

（二）教师教育的目的与职前阶段的教育目标

教育目的是国家或社会对教育所要培养的人的质量规格所做的总体规定与要

求，是在说明"为什么而教的问题"，它是教育活动的出发点和归宿，指导和支配着一切教育、教学活动。教育目标则是为了实现教育目的而对教育发展和教育活动提出的"要求"，是在表明"培养什么人的问题"。教育目标必须服从于教育目的。

教师教育的目的在于促进教师对自身实践的反思，加深其对教学过程的理解，拓展其专业化发展的可能性。在当前幼儿园课改倡导以儿童的自主与能动发展为本，注重课程的生成性、活动性、探索性、整合性与开放性特征背景下，幼儿教师应成为具有反思和观察、分析、解读幼儿行为的能力及课程开发与整合能力的研究型和创新型人才，成为自身实践的反思者。以教师的专业成长为主线，培养具有创新能力的研究型、反思型的幼儿教师是当今幼儿教师教育的目标。然而，研究型、反思型的幼儿教师的形成是教师接受终身教育和自身持续发展的结果，需要经历一个较长的过程。幼儿教师职前教育位于反思型幼儿教师成长的最初阶段，培养的是即将入职的准幼儿教师。

（三）幼儿教师职前教育培养目标的层级差异

我国新三级幼儿教师教育体系包括研究生阶段、本科阶段和专科阶段。虽然这三个阶段都有着培养准幼儿教师的任务，但因生源不同、学制不同，各层次培养的目标有着较大的差别。

研究生阶段的教育多是从理论研究的角度确立目标，所培养的是以理论研究见长的专门人才，近年来出现的实践型研究生教育，加强了对研究型人才在幼儿园实践工作能力方面的培养。幼儿教育专业本科层次的人才培养目标立足于实践应用——理论研究向度，主要定位在两方面。首先是培养一般意义上的幼教机构师资及管理人员，这类人才的专业素质主要包括熟悉幼儿园教育教学及经营管理的工作环节和工作方法，明确学前教育的方针政策和保教工作的基本原则；具有扎实的学前教育专业基础知识、基本理论、基本技能和专业技能，具备较强的幼儿园教育、教学和管理能力；把握学前儿童发展规律和特点，具备观察幼儿、分析幼儿行为的基本能力，能够根据幼儿的特点及现实情境有针对性地实施教育教学、创造性地处理问题等。此外，学前教育本科还要为更高层次的研究生教育提供从事幼教理论与实践研究的生力军，为其他教研机构输送从事幼教理论与实践研究的专门人才。这类人才的基本要求包括比较系统地掌握有关学前教育方面的基本理论，了解本专业的前沿理论发展动态；树立正确的幼儿教育观，具有较强的分析问题和解决问题的能力；掌握从事幼儿教育科研工作的方法，具有浓厚的探究兴趣和一定的教研能力。

位于我国新三级幼儿职前教育培养体系中较为低端的专科教育，其生源培养年限较短，其培养目标有别于其他层次，人才培养的整体模式也有很大的差异。高职高专院校应依据本校的条件与优势，找准自身定位，体现自身特点。

（四）专科学前教育专业培养目标

专科层次学前教育培养目标与规格的制定要考虑国家宏观政策、专科层次人才培养的特点、本地区本行业对人才的具体需求、生源的素质状况和本校特色等多种因素。根据以上诸多因素，内蒙古幼专的人才培养目标在培养"全人"的基础上做了如下考虑：

首先，专科学前教育专业的培养目标是高端技能型人才。2011年8月教育部《关于推进中等和高等职业教育协调发展的指导意见》指出，"高等职业教育是高等教育的重要组成部分，重点培养高端技能型人才，发挥引领作用"。专科学前教育专业人才培养的特点在于：专科层次培养的人才是面向基层（城镇及农村幼儿园），具有必要的理论知识与较强实践能力的实用型、应用性的技能型人才；专科层次培养的人才层次是高级专门人才，比中等职业学校和中职和中专培养的人才的素质要高，是运用智力技能工作的人，即所谓的高端技能型人才；专科层次培养的人才将科学的教育理论和成熟的技术方法运用于现实的教育教学之中，专科层次培养的人才是基层第一线的教师。

其次，专科学前教育专业的培养目标是培养"零适应期"的准幼儿教师。调查结果显示，幼儿园对幼儿教师职前培养机构提出了培养"零适应期"幼儿教师的要求。所谓"零适应期"是指学生毕业后，不需岗前培训和适应期，进入幼儿园直接工作，"适应期"为零。这有利于幼儿园节约时间和资金成本，提高人才培养的效率。这就要求培养院校以学生就业岗位所需的综合能力为目标，采用科学合理的教学方式，使理论与实践紧密结合，产学紧密结合，使学生具有较强的实践能力。

再次，"零适应期"准幼儿教师必须具有基准化幼儿教师职业胜任力。专科层次基准化幼儿教师职业胜任力要求幼儿教师有方法能力、专业能力和社会能力，能基本胜任幼儿教师职业领域的典型工作。

最后，时代呼唤具有崇高职业道德与较强创新精神的教师。《幼儿园教师专业标准（试行）》中对幼儿教师的师德与专业态度做出了特别的要求，强调师德与专业态度是教师职业的基准线。而在当前幼儿园课改倡导以儿童的自主与能动发展为本，注重课程的生成性、活动性、探索性、整合性与开放性特征背景下，对幼儿教师的要求也由传统式的"工匠"转变为具有创新精神，能反思和观察、分析、解读幼儿行为及进行课程开发与整合能力的复合型人才。内蒙古幼专的毕业生跟踪调查显示，幼儿师资培养院校需要在人才培养目标与规格中重点强调学生的反思与创新能力，并在课程教学中加以改进。

综上所述，专科学前教育专业人才培养目标可以表述为培养德、智、体全面发展，具有崇高的职业道德、较强的创新精神和实践能力，具备基准化幼儿教师职业胜任力、与岗位需求"零距离"的高端技能型准幼儿教师。

二、专科层次幼儿教师职前培养规格

培养规格是指学生在接受了三年的专业学习与培训后所应达到的基本要求和能够胜任的某种职业领域的综合性工作。《中华人民共和国高等教育法》规定："专科教育应当使学生掌握专业必备的基础理论、专门知识，具有从事本专业实际工作的基本技能和初步能力。"这里的"必备""基本""初步"反映了专科人才培养规格的特点。但专科教育毕竟是高等教育，必须反映高等教育人才培养方面的要求。

在制定专科层次幼儿教师职前教育的培养规格时，应该考虑到以下几个方面：全面性。当代教师教育目标包括思想道德素质、科学文化修养、教育理论水平、教学能力健康体魄等方面。据此，我们应从教师职业道德与理想、职业能力、身心素质三方面来制定幼儿教师职前教育的培养规格。时代性。当今社会对教师的素质提出了更高的要求，教师不仅应具有参与时代进步的意识和能力，还应具有促进自身成长及自觉研究的意识和能力。一致性。第斯多惠说过，"谁要是自己还没有发展、培养和教育好，他就不能发展、培养和教育别人"。教师要想将幼儿培养成全面发展的人，自己先必须在各方面发展成熟。衔接性。"教育者首先是受教育者。"幼儿教师职前的培养目标及所接受的教育，应与任职后所承担的培养幼儿的任务整合统一起来，以加速角色适应；同时，职前教育培养目标也要与职后教育衔接起来，构成一体化的完整教育体系。

根据国家对高职高专层次教育的要求和社会对幼儿教师的需求，专科层次幼儿教师职前教育主要以培养即将入职的幼儿园准教师为目的，在培养目标上定位为培养德智体全面发展、具备教师应有的职业道德与素养、具有基准化幼儿教师职业胜任力的高端技能型人才。

《幼儿园教师专业标准（试行）》指出，幼儿园教师是履行幼儿园教育工作职责的专业人员，需要经过严格的培养与培训，要具有良好的职业道德，掌握系统的专业知识和专业技能。该文件从专业理念与师德、专业知识和专业能力三个维度提出了合格幼儿教师应该具备的能力与素质要求。然而，专业标准是针对所有幼儿教师的合格要求，可以说是同时提出了幼儿教师在各个发展水平的共同价值和主题，并未分层分级设定幼儿教师不同发展阶段应达到的规格标准，没有具体指出与不同发展水平相适应的技能和知识的掌握所应该达到的水平与要求。

为实现专科层次幼儿教师职前培养的目标，参照国家的幼儿教师资格标准和用人单位对幼儿教师的要求，根据生源素质的实际状况与能力水平，笔者认为，专科层次幼儿教师职前培养的实用型人才的质量规格必须充分体现学前教育的"专科层次"特点，应让学生具备一定的幼儿园教育实践工作能力和基本工作经验，表现为不仅掌握一定的理论知识包括基础性知识、专业及相关专业知识、社会经济法律知识等，还需要掌握具有一定复合性和综合性特征的实践能力，并且具备创新意识、开放与合作能力等。这种培养的规格从以下几个方面来设定：

第一，热爱祖国，掌握马克思主义的基本观点，了解建设中国特色社会主义的基本原理，树立科学的世界观、人生观。明确自己的职业定位，忠诚于自己所从事的事业，具有良好的职业追求和奉献精神，具有较高的职业理想和职业道德修养。了解教育政策法规，热爱、尊重儿童，为人师表，具有强烈的工作责任感。

第二，具有良好的个性心理品质、自我调节能力和积极向上的生活态度及求实创新的科学精神，有一定的艺术欣赏和表现能力、自我发展能力，富有耐心、细心和责任心及团队合作精神，具备较强的社会参与意识和良好的社会责任感。

第三，具备较宽泛的人文与自然科学基础知识和基本的现代信息技术知识，掌握必要的幼儿身心发展与教育理论、幼儿教育教学规律，树立正确的儿童观和教育观。

第四，基本掌握幼儿教师核心职业能力，包括环境创设能力、保育能力、教育能力、组织教育活动能力、表达能力、观察与评价幼儿能力、沟通交往能力及一定的教育反思能力、初步的教育研究能力等。

第五，熟悉当代幼儿喜欢的游戏和文学艺术作品，具有讲、弹、唱、画、跳、手工制作等基本技能。

第六，具有良好的生活、卫生习惯和体育锻炼习惯，身体健康，达到国家大学生体质健康合格标准。

第六章 本科型院校学前教育专业教学质量保障体系的建构分析

第一节 培养专业的学前教育人才

一、本科型院校培养专业的学前教育人才的重要性

（一）时代发展需要

随着时代的发展，大众对幼儿教师的素质能力等提出了更高的要求。本科型院校想要更好地提升学前教育专业质量，就要适应时代发展要求，不断创新人才培养模式。应用型人才培养理念的出现，为高校学前教育专业的发展指明了方向。国家相关教育文件中特别指出，学前教育是一个人终身学习的开始，是促进国民教育改革的重要措施。我国幼儿园数量在不断增加中，幼儿园教师的专业问题也逐渐凸显。很多幼儿教师由于不是相关专业毕业，在上岗前学前教育专业技能不够完善，在学前教育工作中，只是对幼儿进行简单的托育。目前我国就业形式不够乐观，传统的理论人才已经不符合用人单位的需求。学前教育专业只有转变思路，注重应用型学前教育人才的培养，才可以更好地提升自身的竞争力。本科教育专业标准主要体现在基础理论和必要的专业知识技能等方面。高质量的幼儿教育离不开高质量的幼儿教师，建设高质量且实践能力较强的优秀队伍，是确保学前教育事业稳步发展的根本途径。想要更好地顺应世界学前教育师资培养，就要倡导学前教育本科化，这是我国幼儿园教师管理体系发展的必然趋势。

（二）教育多元化的需求

我国高等教育已经发展到大众化的阶段，不同类型的院校合并，重新对教育方向定位。教育多元化是现代高等院校的办学宗旨，应用型本科院校想要突出自

身的办学特色，就要不断加强办学形式，将培养模式多元化呈现，从而更好地体现出办学的个性特点。在社会对幼教行业人才需求量不断增加的形势下，多元化的办学定位方向不仅可以促进应用型人才的培养，还可以更好地提升自身的竞争力。学前教育本课学生只有在理论知识和专业知识的基础上，同时具有良好的道德素质和人文素养，能够将各种教育理念系统性的掌握，具备较强的实践能力和创新意识，才可以在学前教育行业中有良好的发展方向。应用型本科院校学前教育专业课程体系包含不同板块内容，根据学生兴趣与社会需求，重新构建个性化的人才培养模式，注重学生实践能力和创新能力的提升，能够更好地增强学生的就业竞争力。科学的学前教育专业培养方案是确保幼儿园教师教育工作价值实现的主要方式，设定规范合理的多元化学前教育方案，在原有的专业课程结构上，跟随社会需求不断评价修订，可以更好地做到应用型高质量学前教育人才培养目标的实现。

二、本科院校学前教育人才培养方向分析

（一）学前教育专业人才需求政策分析

学前教育专业人才的社会需求是学前教育专业生存发展的基础，国家在长期教育规划发展中，明确提出了婴幼儿的教育目标。想要实现相关目标，师资队伍构建是关键。国家近些年来发布了很多与学前教育相关的文件，多次提到要加强师资队伍建设，提升整体学前教育师资队伍素质。为加强学前教育专业建设，扩大了本科学学前教育专业，不断提升对学前教育的重视度，为本科层次学前教育专业人才的培养奠定了良好的政策基础。本科学前教育专业设立最初的目的是培养师资服务，本科学前教育服务方向也逐渐转变为应用型人才培养。在教育改革中，越来越多的学前教育本科生开始到幼教行业中就业，高等院校只有不断提升对学前教育专业本科生培养的重视度，将自身院校专业特色和培养方案及时调整，才可以更好地实现人才培养目标。人才培养方案修订要始终遵循教学基本规律，要充分体现协调发展的教育思想，为促使学生能够在各方面得到不断提升，就要培养学生社会发展需要的能力素质。面对已经存在的问题，高等院校在学前教育专业培养方案中，提出更多对应的建议，在不断完善教师管理体系的同时，提升学前教育教师教学质量，可以更好地促进自身学前教育专业的不断发展。以本科人才培养方案修订为引导，不断创新人才培养模式，在推进课程体系改革中，

构建新的课程平台，不断推进整体优化，能够更好地改进学前教育方式和质量的更新提升。人才培养方案要坚持统一性和多样性的原则，在保证人才培养质量的同时，要体现出本科院校的专业特色，在专业原有的优势基础上，不断培养学生的创新能力。

（二）学前教育专业人才社会需求分析

近几年来，幼儿教育机构数量迅速增长，对幼儿教师的需求呈现稳步增长的态势，本科类学前教育专业毕业生处于供不应求的状态。虽然幼儿教师缺口由中等职业学校的学生临时补充，但由于其专业素质和能力与本科类专业学生整体上相比存在很大的差距，不利于幼儿教师专业化进程的发展。社会对学前教育专业教师需求量增加的同时，也对教师整体质量提出了更多的要求。当前学前教育专业人才就业范围空前扩大，很多学前教育专业的毕业生毕业后可以选择的就业范围也比较广泛。学生毕业后不仅可以从事幼儿园保育、教师等工作，还可以从事机构培育培训及幼儿系列产品研发。幼教行业的不断发展，向学前教育专业学生提出了更多元的市场要求。完善高等院校学前教育本科生培养方案，需要国家教育部门与高等院校双方合力才可以完成。高等院校除了认真贯彻教育部门政策外，还要不断更新培养方案，结合自身实际发展情况不断完善学前教育课程体系。完整的人才培养方案应该包括指导思想和人才培养规格要求等。高等院校在设定学前教育专业人才教学人才培养目标时，要根据社会需求，将对应的方案内容合理安排，并对实践教学环节进行具体的规划。高等院校作为培养方案的实质性制订主体，应该不断明确培养方案中各项依据和原则基础。培养方案中不仅要有培养目标，也要包含教育专业特性和价值取向，保证培养方案在教学工作中顺利开展可以取得良好的教学效果。

（三）应用型本课院校学前教育专业人才培养理念分析

本科型院校在设立学前教育标准时，要对学前教育专业从事的工作岗位以及职业能力形成的基本条件进行分析，要从不同方向进行具体阐述。本科教育的学业标准集中表现在系统基础理论和实践能力等方面。在对应用型本科学前教育专业层次进行定位时，应该强调本科教育的价值导向功能，强调专业面向的工作范围。要重点从专业技能和职业能力培养，以及实践环节中培养，从而更好地提升学前教育专业学生的整体专业能力。高质量的幼儿教育离不开高素质高水平的幼儿园教师，建设综合能力较强的高素质幼儿教师队伍，是确保学前教育事业稳步发展的根本途径。倡导幼儿教育本科化，是提升幼儿教育质量的根本前提。课程方案是学校对专业人才课程设置的依据，在制订课程方案时，要根据学校自身的条件制订，要始终联系学前教育专业人才理念分析。设立本课学前教育专业不仅符合社会对人才的需求，也是确保学前教育专业人才质量的主要方式。高等院校作为学前教育本科应用型人才培养方案制订主体，应该明确培养方案制订的依据，要符合培养对象和人才层次结构。通过具体学前教育专业培养原则，紧密联系学前教育专业特征和价值取向，考量到示范专业人才培养特征，可以制订出更符合现实情况的方案。培养目标作为培养方案的核心，对培养内容制定起到引导作用。本科学前教育专业从开设到逐渐发展，培养目标也发生了很多的变化。各院校在社会对本科学历幼儿园教师的需求趋势下，对人才培养目标也逐渐清晰。本科层次学前教育专业的培养目标定位与人才培养理念，重视自身的培养特色，能够使学前教育专业本科人才更好地满足社会的需求。

（四）从应用型本科学前教育专业面向岗位需求分析

从目前学前教育专业毕业生就业情况看，并不是所有人从事的都是幼儿园教育工作。学生在毕业后，有参与专业科学科研工作的，也有从事特殊教育、幼儿产品开发与销售等相关工作的。随着社会大众对婴幼儿早期教育重视度不断提升，从事早教行业的学生也很多。与幼儿相关行业在不断发展中，对学前教育本科型人才需求量逐年递增。高等院校在规划课程方案时，要考虑到专业实际的就业需求，为促进学生可以更好地就业发展，就要从不同岗位特色的重点内容完善的学前教育专业。高等院校在对本科学前教育专业面向岗位需求分析时，要在市场调研基础上，提出多维培养目标。完整的本课学前教育人才培养目标应该包括课程类别、学时分配等，以岗位需求设定学前教育专业培养方案，能够更好地实现本课学前教育专业培养目标。在培养目标定位上，可以将应用型本科学前教育分为学术、职业等多方面。以应用型本科学前教育人才培养为主，就要注重实践性和应用性。为培养出具有较强幼儿园教学能力和管理能力的幼儿教师，就要注重教学驾驭能力以及良好道德情操的培养。在新形势下，应用型本科学前教育专业的培养目标可以定位为，以向各教育单位输送合格师资为目的，培养高素质的合格师资。在教学目标定位中，不断强调实践应用，强调知识基础和整合性，能够更好地促进幼儿教师职业能力的提升。应用型本科人才的培养，实际上就是培养适应社会经济发展的技术人才。根据岗位需求构建对应的课程，摒弃传统的课程设置方式，以能力培养为核心，可以促使本科型学前教育学生今后有良好的就业发展方向。

三、本科院校学前教育人才培养策略

（一）明确专业培养目标

本科院校在学前教育人才培养中，想要更好地提升学生专业学习质量，就要明确相关人才培养目标，注重学生理论实践内容的学习。应用型人才需要具备良好的学习能力，能够在学习和工作中，对自身专业的发展有深入了解。设定好专业培养目标，可以引导学前教育专业学生在学习和实际工作中，有明确的实施标准，有利于其专业能力的提升。新课程在不断改革深入中，促进了学前教育的发展，国家对学前教育改革重视度的提升，很大程度推进了学前教育改革的进步。面对竞争逐渐激烈的幼教行业，学前教育专业学生的就业压力也在逐渐递增。本科型学前教育的创设，能够直接影响到幼儿园教学的质量。本科型学前教育专业学生不仅要学习幼儿教育知识基础，还要不断探索发现更多创新性教学方式。高等院校在学前教育人才培养中，明确专业培养目标，为学生构建更加全面的课程体系，注重学生主观能动性的培养，可以更好地促进学生专业能力的提升。随着学前教育的不断改革，学前教育专业人才呈现出不同的发展形势。

本科型院校只有认识到社会对幼教人才的需求，将更多多元化教育观念有效融入学前教育体系中，才可以更好地达成人才培养目标。在构建课程该体系中，高等院校要始终保持教学课程与人才培养目标的平衡性，要实现开放性学前教育人才培养。结合社会发展需求改变传统教学模式，鼓励学生积极到幼儿园实习，在与幼儿不断接触中，增长实践经验，对学生的实践学习特点给出更多意见指导，可以更好地促进学生将理论知识有效应用，从而满足应用型人才的培养要求。根据目前幼儿教育的特点，设置出适应性更强的学前教育人才培养目标，在提升幼儿教育有效性的同时，注重教学方法的构建，增强各学科之间的联系，为幼儿教师专业化发展提供更多发展机会，可以有效扩宽学生今后的就业范围。根据幼儿教育的发展方向，对学前教育课程内容进行规划编排，可以更好地提升本科院校学前教育专业学生的专业素质水平，为学生今后就业奠定良好的基础。应用型本科院校是当前我国高等教育转型而产生的一种新的办学模式，并没有已有的办学形式参照，设计研究出符合自身发展的观念先进模式、科学恰当的人才培养模式是其专业建设中第一个需要处理的问题。本书通过参考大量文献资料聚焦应用型本科院校学前教育专业人才培养模式的改革与实践，对应用型本科院校学前教育专业的人才培养的相关概念以及存在的问题进行了深入分析研究，希望促进我国学前教育事业以及应用型本科院校的学前教育的发展。

（二）完善专业招生方式

很多高考毕业生在报考专业学校时，对本科学前教育专业持有偏见，认为在本科学校学习学前教育专业，今后从事幼师相关工作，是大材小用，并且学前教育行业发展前景也不够好。这些观念误区主要是受传统学前教育观念影响。为有效提升报考学生和家长对本科院校学前教育专业的认识，高等院校就要不断完善招生方式，将目前社会对学前教育高素质人才的需求以及发展前景向学生具体讲解，引导其认识到学前教育专业本身的价值性和发展性，从而吸纳更多优秀人才参与到学前教育学习中。尽管近些年很多本科师范院校承担了学前教育的办学任务，但由于对社会宣传学前教育知识不足，使得很多学生都是以调剂的方式录入学前教育专业。尤其是新办学前教育专业本科毕业生，就业比例较少。很多本科院校在学前教育开展中，为培养出更多适应经济社会发展的幼儿园教师，会将本科录用标准往下调。为逐渐扩大农村学前教育教师数量，逐渐扩大了公费定向招生范围。但由于各办学单位对学前教育本科人才培养还处于摸索阶段，在招生过程中，会产生很多问题。学生不愿意填报学前教育专业的主要原因是他们对幼儿教育工作没有太大信心。构架教育改革方向使得学前教育专业快速发展，各级政府已经逐渐加强对幼儿教育的重视，未来几年各级政府为了促进教育公平发展，将会大力发展城乡公办幼儿园，构建更加全面的学前教育公共体系。

高等院校在进行学前教育招生中，要以此为契机，不断向高考毕业生和其家长详细讲解学前教育的发展前景，引导学生认识到学前教育专业的就业范围。学前教育专业不仅可以从事幼儿教育相关的工作，还可以在玩具开发以及动漫制作等行业有很好的发展，学生通过本科院校招生内容具体介绍，能够对学前教育专业有不一样的认识，可以根据自身特长发展选择学前教育专业，从而增加本科院校的招生数量。培养方案的功能是指导院校在人才培养目标中有具体引导方向，本课院校学前教育专业培养目标设定中，要根据教育部的文件规定和专业学习要求进行。要明确培养方案的指导思想和主体，从而将配套的条件保障和计划落实到位。为保障高等院校招生工作顺利开展，就要将培养方案的各个环节落实到位，通过对学前教育本科生培养现状的不断分析，设定出更具有指导性的管理改善方案。应用型本科院校是在地方普通本科院校的基础上发展改变而来的一种院校类型，在教学模式上不同于以往的地方普通本科院校，主要培养应用型本科人才，并且在教学和课程设置上注重实践性，以及注重服务于当地的经济发展。值得注意的是，在地方普通本科院校基础上发展为应用型本科院校并不代表着院校的等级变低了，只是院校的分类和层次变得不一样。应用型本科院校在院校分类方面和以往的研究型大学是不一样的，在院校等级上和专科院校也是不一样的。

（三）完善师资队伍

师资队伍的建设对高等院校学前教育专业的发展有重要的影响，在对本科型师资队伍规划分析时，要不断完善教学队伍和师资力量。师资队伍在不断完善中，要引导教师团队理解本科层次职业教育内涵。要将教育活动视作高质量学前教育人才培养的过程。目前部分地方本科院校在针对人才培养方面缺乏一个清晰的定位，很多院校通常是更侧重于培养学术型人才，忽视应用型人才的培养，将培养目标变更为培养应用型人才也流于表面，根本性质没有改变，主要表现在仍然采取传统的学术型人才的培养模式来培养应用型人才。该培养模式下的应用型人才培养有诸多问题，比如培养的人才在应用能力方面满足不了市场需求、理论知识不足、缺乏核心竞争力等。同时还有人指出，应用型人才的培养不利于理论知识型人才的培养，以学术型人才为指导的理念也会限制应用型人才培养。幼儿教师的培养是学前教育工作的重点，本科院校作为培养优秀幼儿教师的重要阵地，其自身的学前教育专业师资队伍质量对学前教育应用型人才的培养有很大的影响。本科院校学前教育专业教师的专业能力和实践指导能力对学生专业素养的形成和专业技能提升有重要的影响，想要不断提升学生学前教育专业能力，就要不断加强师资队伍的完善。高等院校应带头认同幼儿教师的地位，引导专业教师团队建立认真负责的工作态度和认真的职业精神。教师团队通过树立榜样，可以更好地激发学生的职业认同感。

为避免学前教育专业教师专业技能过于陈旧，本科院校要结合实际情况对专业教师进行教学能力培养，不断加大教师各项教学能力的要求，使教师团队可以结合目前最新的学前教育知识引导学生更好地学习。本科院校结合自身发展情况调整学前教育专业教师团队的教学结构，向社会招聘更多具有高专业技能和高素质水平且具有丰富经验的学前教育专业教师，为学生提供正向指导，更好地引导学生认识到幼教行业的实际发展状况。为避免教师群体年龄过于老龄化的情况，高校要招聘一些中青年教师，在充实学前教育队伍的同时，拉近与学生的关系，使学生可以在共同话题引导下，投入学前教育专业学习中。幼儿园是学前教育系统的重要组成部分，本科院校在进行专业教师队伍建设中，可以利用幼儿园教育为专业教师进行幼儿园教育经验积累，从而引导学生更好地实践学习。本科院校可以与当地幼儿园建立合作关系，在教师活动组织中，对幼儿园的整体教育情况具体了解，让专业教师可以走出校园，了解真正的幼儿园环境，从而及时调整教学计划，为学生提供实践性更强的教学方案。本科院校在教师团队建设中，必须要注意师德建设。本科院校只有将师德建设放到首要位置，对教师有计划地进行道德建设渗入，引导学前教育专业教师建立正确的师德规范准则，为学生树立好榜样，才可以培育出更多优秀的学前教育人才。

（四）坚持校"园"合作人才培养模式

学前教育专业课程设置本身就是以职业能力培养为导向，在实际教学中要将理论知识练习实际展示。目前，国家及社会对学前教育给予了更多的关注，也促进了学前教育专业的不断发展，很多高校增加了对学前教育的投入，扩大了招生规模，更有甚者在以前没有学前专业的学校也增设了学前专业，导致目前社会上学前教育专业的人才培养量有所增加，满足了目前社会对应用型学前教育人才的基本要求。但是也随之带来了一系列的问题。第一是人才输出的速度过快，容易导致教学质量难以保证，比如部分应用型本科高校过于注重学生人数，而忽视了学校教育体系的容纳和教学水平，造成学校的师资短缺、师资质量较差，严重影响了学校学前教育的专业发展。第二是缺乏与时代同步的发展观念模式，学前教育模式仍然按照传统教育理念，如重视课本知识以及专业知识的教授，但是忽略了教师创新实践水平的提高，忽略了学前教育培养需要更多实践活动来支持的问题。院校积极采用体验教学的方式，增加专业知识情境创设、项目学习等，可以更好地调动学生的学习主动性和创造性。为更好地增强学生的学习体验，高等院校也要不断加强与幼儿园等幼教机构的合作，要不断增加实践环境和方式的开放性。学生在校"园"合作模式中，能够在实际工作环境中，对学前教育专业的价值和就业方向有更加深入的了解。并且，理论与实践相结合的人才培养模式不仅可以消除传统教学的弊端，还可以创设出更多具有创新性的教学内容，引导学生对专业课程有自己独到的见解。

由于我国学前教育事业不完善，各地区教学水平存在很大的差异。本科院校在开展学前教育专业教学时，可以将校园合作融入人才培养模式中。校园合作可以为学生提供更多实践学习的机会，能够促进学生在幼教岗位练习中，认识到自身专业能力的不足，从而更有针对性地调整学习目标。学生在校园合作学习过程中，遇到各种幼儿教育问题可以及时向幼儿园内教师请教，能够了解到幼教行业中最新的教育理念和育儿方式。我国很多乡镇地区幼儿园师资力量缺乏，本科以上的教师占比较少，导致乡镇幼儿教师整体素质不高。利用校园合作模式不仅可以为学前教育专业学生提供良好的实践平台，还可以为幼儿园幼教工作的开展注入更多动力。学生在实际幼教工作实践中，通过各种案例，可以将所学理论知识有效结合，能够更好地对学前教育知识内容进行深入理解。本科院校与幼儿园建立合作关系，双方将优质资源共享，在人才培养中，不断扩大彼此的教育深度，可以更好地实现人才质量的提升。校园合作强调的是本科院校与幼儿园将优质教育资源共享，幼儿园在向本科学前教育专业学生提供观摩和实践学习的同时，本科院校可以向幼儿园提供最先进的教学理念和教学技术，能够更好地弥补幼儿园在开展中的不足。在校园合作中，本科院校可以将幼儿园作为实践教学基地，将先进教学理念和实践经验结合，可以更好地提升院校学前教育专业教师的教学水平。幼儿园可以将本科院校作幼儿教师理论知识技能提升的平台，在不断合作中，弥补自身办园过程中的不足。通过有效的合作互动，实现互惠共赢。

（五）优化课程结构

高职学前教育的特色就是培养应用型的人才，其培养目标与其他学前教育示范学校有很大的差距，是以为整体学前教育事业培养优秀从业人员为主要目标。培养的学生不仅主要从事保育、后勤管理，还会从事婴幼儿产品开发、玩具设计等行业。这种教学定位不仅会改变以往人们对学前教育专业的认知，还很大程度扩宽了学前教育专业的培养领域。高等院校在设置相关课程中，要有针对性和实用性，要从市场需求出发，将更具有实用性的知识传授给学生。为促使学生深入了解目前学前教育专业的发展状况，可以在主要课程体系基础上增强课程改革和特色教学，引导学生能够学以致用，可以在学习中逐渐形成良好的创新能力。应用型本科院校的学前教育专业课程设置的好坏，直接关系着人才培养的专业水平以及未来的教学质量。学校的课程设计是经过学校整体设计制定以及安排，要求学生在规定的时间内完成所学课程。所以，课程设计合理与否，直接关系着人才培养质量的优劣，一个恰当的课程设计能够最大限度地挖掘人才的潜能，更能体现学校教育的质量水平，使人才培养更能满足目前社会的发展需求。但是，当前多数应用型本科院校的学前教育专业课程设计，更多侧重的是教育学、学前教育基础理论的传授学习，也有与艺术有关的课程安排，以及后来的学前教育教学实习课程，但是大多数学校都没有突出地方特点、校本特点的学前教育专业课程。学前教育教材是学前教育活动开展的重要知识载体，是实现教与学有效性的重要载体。

在学前教育课程结构优化中，要先将教材内容不断更新，要引入更多国内外优秀教材，为专业课程优化提供重要手段。教学计划是对教学环节的整体设计方案，本科院校以培养应用型人才为目标，构建专业化的课程体系，能够更好地促进学前教育专业学生发展。学前教育专业教育改革中，本科院校要认识到学前教育领域的变化，要及时了解幼教领域的最新发展动态。培养计划是学校实现人才培养目标的总体计划，是学校人才培养模式的具体体现。高等院校根据自身教育条件和国家制定的文件，以组织教学为依据，对教学质量和评价构建基础性文件，将教学计划和培养方案内涵相适应，针对不同年度学生的特点制订出不同的课程计划。为更好地激发学生对学前教育专业课程的兴趣，可以引入开放式教学、体验式教学等多种教学模式。在引导学生主动探究的同时，可以更好地培养学生的创新能力和实践探究能力。本科学前教育主要培养的是应用型人才，为更好地顺应时代需求，在课程设置中，应该从实际出发，从学生的实际状况和学校的特色出发，构建面向社会的专业教学结构。随着社会的不断发展，幼儿教师的社会地位也在逐渐提升，本科学前专业培养目标定位中，要以学生实践能力培养为主，为学生提供更多实际参与操作的机会。

（六）建立多元评级体系

在社会对幼教行业需求不断提升下，国内增加了很多本科类学前教育专业。但目前与之相适应的评价制度相对滞后，为有效改善本科院校教学机制，就要不断完善学校的评价制度。学前教育质量的提升在于教师。积极推进本科院校多元评级体系的开展，可以更好地促进教师职业道德和专业水平的提升。各级教育行政部门和广大教育者只有尽快改变传统观念，建立新型的多元化教师评级体系，才可以确保本科院校学前教育工作的顺利开展。高等院校长期依赖对教师的评价都是以终结性评价的方式开展。评价的主体主要是学校的领导者。评价过程中通常是对教师进行比较,以起到管理和奖惩的目的。这种评价方式对教师教学积极性的发挥有很大的影响。在新时期背景下,想要更好地发挥评价的作用,就要改变传统课程评价的功能,发挥评价促进教师综合教学能力提升的作用。为使教师不断强加思想政治修养,树立良好的师德师风。本科院校要在多元评价体系中对学前教育专业教师的科研水平、教学能力以及师德师风等方面进行考核的同时,也要对教师实践教学方面进行多元评价。应用型本课学前教育专业培养的是应用型学前教育人才。设置科学恰当的人才培养目标,是地方本科院校的发展前提以及必然要求,关系着未来学校发展的长久性。地方本科院校的应用型学前教育的人才培养目标的设定,一定要从地方的发展实际入手,基于地方社会发展与办学特点,根据地方社会发展要求,设置顺应当地情况的应用型人才培养目标。

　　地方本科院校各学院不仅要沿袭地方高校长久以来积攒下来的丰富办学经历,凸显出独具地方特色的学科专业设计和内容开发,同时还要根据地方的经济社会发展的要求,大力创新高校和地方政府、企业需求、行业动向的融合,从而定位地方高校自身优势,在各界的合作中提升学科的竞争力,突出自身的优势,实现互利共赢。以服务地方教育为宗旨,承担高等教育任务时,必须要对教师实践教学水平进行考核。在学前教育专业教学中,不仅有理论知识传授,还有科研和社会服务等内容。教师在培养人才的同时,要站在实践和科研领域不断挖掘问题,总结经验。院校在对教师进行教学评价时,采取定性和定量的评价方式,尽量做到科学合理,通过评价内容多元化,可以更好地突出评价的整体性。学前教育专业教师的发展水平对本科院校的发展有很大的联系,通过多元化评价不断提升教师的专业教学能力,可以更好地促进学校发展。教师不仅是学前教育的参与者,也是教学实践的引导者,始终立足与教师自身发展,是学院学前教育专业发展规划必不可少的内容。教学能力是应用型本科院校专任教师的职业基本能力,从教师的教学态度以及教学效率中可以反映出来。在多元评级体系中,对教师的教学能力进行评价,可以很大程度上促进学前教育专业教师将教学方法不断更新,能够根据目前学前教育专业学生的特点,制定出具有针对性的理论课程内容。在对教师实践能力进行评价时,要对学前教育专业教师的相关资格级别进行考核,使学前教育教师可以在不断实践教学中,积极参与专业培训等活动,增强自身的实践教学能力,可以将更多最新的幼教理念和方法融入专业课程教学中。

第二节　改革学前教育教学方法

一、改革学前教育教学方法的作用

（一）有利于创新教育的实现

在幼儿园师资本科趋势发展下，应用型本科学前教育专业成为培养高质量幼儿教师的重要渠道。在教育课程改革和教师教育方法改革中，要清楚地认识到基础教育改革的方向，要以学前教育课程为主要内容，不断落实应用型人才培养目标。学前教育课程开展的核心目标就是促进学生可以掌握学前儿童的特点与规律，能够在其基础上自主设计活动方案，开展教学活动等。想要改变以往学前教育专业重理论、轻实践的教学理念，就要以学生发展为导向，改革学前教育教学方法。学前教育教育从知识的权威者变成学生学习的引导者，在学生构建专业体系的同时，引导其主动参与，使其在亲身实践中，通过活动内容更好地理解理论知识。教学方法的改革给学生创新发展提供了良好的契机，高等院校作为培养高素质幼儿教师的主要阵地，在教学工作开展中，明确人才培养基本素质，从不同方面对学生的创造潜能进行激发，可以促进其在今后专业工作中有更好的发展。学前教育是国民教育体系和社会服务体系的基础，其发展进度可以直接影响到我国整体教育水平的提升进度。在国家不断提升学前教育地位的形势下，本科院校结合新时期人才培养目标和专业特点对学前教育方法进行多元化设计，能够更好地提升学前教育专业的学生专业素质。

（二）改变当前理论教学局面

本科院校学前教育专业进行的都是高素质学前教育工作，很多课程内容都与专业理论课程有关。专业课程理论在本科层次课程计划中占很大的比重。为有效改善学生对理论课程学习兴趣不高的情况。学前教育专业教师就要不断创新教学方法，将教学方式多样化开展。以就业为导向，基于职业岗位工作内容不断开发理论知识课程，在传统教学基础上，构建学前教育工作构成课程体系和内容，不仅可以更好地提升理论知识教学的效率，还可以更好地体现项目引领教学目标。在教学方法改革中，与教育实践基地合作，引导学生在真实的实践情境中，学到更加专业的知识，不断提升专业能力，可以促进更好地实现人才培养目标。改变单一的教学方式，将课堂教学内容与幼儿园实践教学相结合，不仅可以摆脱传统理论教学的弊端，还可以促进学生更好地发展。将新理念和新方法按照社会幼教岗位要求融入教学计划中，根据行业人才需求变化及时调整教学方法，可以更好地促进本科学校学前教育专业与市场良好对接。在知识经济社会背景下，发展学前教育是社会共同关注的话题。高质量的学前教育师资力量培养，可以为我国教育整体水平的提升奠定良好基础。

二、改革学前教育教学方法的具体方向

（一）课程目标注重实践导向

科学合理的课程设置是人才培养方案开展的关键。学前教育专业教师在课程设置中，要始终围绕幼师标准科学合理地开展。为更好地提升学生的实操能力，要将各类实践活动贯穿到课程全过程中。本科院校在学前教育人才培育中，要以实践能力提升为主要出发点，要在教学课程中实行高校教师与优秀幼儿园共同指导的教学方案，从而达到最佳的教学效果。将每门课程有效对接培养目标要求，注重素质结构和知识能力之间的关系，在课程教学中，将不同的课程调整分散，形成不同的模块重新组合教学，能够更好地帮助学生理解专业技能和知识之间的关系。传统教学过程比较单一，导致学前课程氛围十分沉闷。学前教培养的是未来的幼教行业工作者，他们应该是幼教新理念的主要实施者。在学前教育课程开展中，要为学生提供最新的资源和行业信息，以课程建设为载体，将学生职业素质落实到不同环节中。学生在单一的学习环境中，容易失去学习的欲望。教师在对教学内容进行筛选，要选择与实际教学联系性较强的内容，使学生可以在课程内容学习中更好地掌握重点知识。教学新方法在创新中，要根据幼儿园岗位要求，将专业课程规划改革，根据行业发展状况和幼教行业人才变化及时调整教学方法和内容，可以确立行之有效的人才培养方案。在教学方法改革创新中，本科院校从目标设定到课程实施等方面进行全方位的优化，始终立足于本科院校学前教育专业人才要求，从幼儿发展角度培养学生的职业素养，可以更好地提升院校学前教育专业的竞争力。

（二）以学生为中心

为促进学生利用理论知识对幼教课程进行创新，学前教育专业教师在引导学生实践创新学习中，要将课程内容不断完善，不同课程进行融合。与学生共同讨论各种实践方案的开展，不仅可以体现以学生为中心的思想理念，还可以更好地促进学生综合能力的发展。在制定学生职业技能培养机制中，要充分发挥学生个体的价值，引导学生利用资源优势确立学前教育专业的发展方向。为突出学生的主体地位，要运用多种互动教学形式，将课程构建成多元化的内容，使学生可以在拓宽视野的过程中，逐渐养成研究与探索的良好学习精神。为弥补不同课程内容的不足，教师可以将相关重点内容，以录入直播等方法开展，在对相关课程陈述中，不断引导学生使用融合思维将课程有效衔接，能够更好地促进学生创新能力的发展。为有效发展学生的专业潜力，教师在班级内部可以细化专业培养方向，根据不同学生的特长进行具体引导，可以促进学生在自身兴趣范围内更好地发展。在对学前教育教学方法进行改革时，要不断探讨总结，面对优质教育的需求，教师要不断增强与不同院校的合作交流。在教学方法上不断创新，可以更好地推动本科学前教育质量再创新水平。虽然教育是知识传递的过程，但通过教学方法的不断创新，引导学生在学习中从不同方向学习学前教育专业理论实践课程内容，更好地促进学生顺利完成学习任务，达到人才培养的要求。本科院校以培养高素质学前教育人才为目标，在不断完善知识结构中，侧重于学生专业实践能力的提升，能够促进其今后更好地适应相关工作。

（三）课程实施体现开放性

为更好地适应社会发展，学前教育专业教师在创新教学方法中，要体现开放性。不能像普通师范类学校那样只注重艺术技能的培养，忽视了教育理论的学习，也不能只注重学生的教育理论学习，忽视实践教学。学前教育专业本科课程学习中，要注重不同课程内容的融合，在理论和实践课程规划中，结合幼儿教育目前的最新状况，设定开放性较强的内容，使学生可以在不同科目学习中，能够以幼儿真实行为反应为依据，自主构建教学活动过程。本科院校学前教育学生不仅要具备丰富的理论知识，还要具备一定实践能力。教师在设定课程结构中，要平衡好课程之间的比例。在课程设置中，专业理论课程与实践课程要紧密练习，引导学生在实践学习中，不能只看到幼儿教育工作的表象，要针对时代对学前教育的需求向学生不断剖析专业的发展前景，从而使学生认识到自身专业对社会发展的价值。科学合理的课程设置是人才培养方案形成的关键，教师在学前专业课程设置中，要始终围绕幼儿园教师的专业标准开展。针对应用型本科院校缺乏实践教学场地的问题，教师在更新教学方法的同时，也要对课外实践进行调整。可以根据理论教学内容，创设对应的实践课堂。应用型本课院校要将人才培养回归到教育实践能力培养中，通过实行双师型授课方式，将师资实践化发展，能够更好地实现协同培养机制的形成。课程体系的改革主要体现在创新方面。本科院校以专业课程改革创新为目标，将更多全新的教学理念有效融入，能够更好地促进教学效率的不断提升。以教育改革目标为依据，创设出更多与幼儿心理发展等相关的专业课程，实现与社会用人需求的对接，充分展示课程体系的创新性，以促进学生综合能力更好地形成。

三、改革学前教育教学方法的策略

（一）课程设置实践化，合作育人

科学合理的课程设置是人才培养方案的关键内容，也是学前教育毕业要求的核心要素。学前教育教学方法改革中，要始终围绕学前教育要求开展。应用型本科院校缺乏幼儿园真实的教学情境体验。学前教育教师在开展实践教学中，要在课堂教学基础上，不断扩展实践实操训练。针对学生的见习、实习等问题做出对应实践化调整。以学前儿童语言教育为例，相关学习内容中包含了儿童观察、案例分析以及小组研究活动等内容，在不同内容开展中，为促进学生对幼儿语言发展规律和特点有深入理解，教师可以带领学生到学校合作的幼儿园中实际观察，学生在跟随幼儿园教师不断观察中会发现，不同年龄段的幼儿的语言发展程度有很大的差异。在进行相关内容研究中，学生便可以根据自己实际观察心得以及课堂中学习到的理论知识，发表自己的见解，在就业后，也可以形成自己独到的学前教育方式。作为本科院校，人才培养目标的实现仍要以实践为主，专业教师在创新教学方法中，可以与优秀幼儿园教师共同指导学生实践学习，尽量缩短学生理论学习与应用的实践距离，达到最好的教学效果。熟悉幼儿园和其他相关机构的工作特点，对教育对象的学习方式进行具体了解，可以促进学生在今后工作中有计划有方向地开展教育领域活动内容。学前教育专业有幼儿园课程和活动设计专业课程、学前儿童发展心理学专业课程等，如果只是按照教材内容理论式讲解，学生本身就缺乏相关经验，自然不会深入理解，在与幼儿园合作中，让学生亲身实践，根据对不同幼儿的观察和实际保育经验，学生会将理论知识结合理解，从而将相关内容整体构建，形成适合自身发展的专业知识体系。始终围绕学科教育理论加艺术特长的人才素质培养模式，建立与专业培养目标相协调的实践教学体系，可以更好地提升实践教学的质量。在模拟实习中，可以将各种实践模式互相补充开展，使学生可以在多样化的实习形势下，对自身的专业更好地规划。学前教育专业包括不同方向，学前教师在开展教学时，要根据学生的学习发展方向，合理安排课时，与相关幼儿机构单位协调好学生的实践方案和内容。学前教育专业教学改革本身就是比较热点的学术问题，本科院校面对当前学前教育改革新形势，要充分认识到自身学前教育专业开展的任务目标，要积极推进教育教学改革的发展。通过不断提升实践教学环节的重视度，转变以教师和教材为中心的传统教学模式，在提升学生教学能力的同时，创新实践形式，可以保障学前教育专业学生掌握更多实用的专业知识。在对课程内容进行整合时，要按照师范类教学理念，确立好教学目标，然后以目标为起点，设计教学活动。课程内容设定可以很大程度上反映学生的学习兴趣。在分析社会发展教育人才基本要求中，对教法课程内容进行不断整合，始终围绕中心内容组织教学活动，在不同领域汇总深入探讨，这样不仅可以避免学生知识与经验割裂的情况，还可以更好地促进学生综合专业能力的形成。要创新教学观念，建立实施标准教学、素质课程以及创新教育的新理念，这是当前应用型本科高校在学前教育专业人才培养中需要坚持贯彻的新理念，也是整个教育教学实践活动中应该秉持的教学观念。第一，应用型本科院校相关教育者必须深刻理解、领悟创新教育观念。研究甚至是模拟可能存在的情境，使得学生在不同的情境设置中灵活地处理学前教学中可能会面临的不同问题，使得学生切实地感受到新观念所带来的作用。第二，应用型本科院校要注重特色学前专业的建设，逐渐提升任教老师的教学素质水平，优化人才培养模式，真正锻炼学生的创新能力，使得学前教育专业的学生在幼儿园可以迅速实现职业塑造，让学生切实地站在幼儿的角度，从整体上分析看待问题、处理问题，进而提高自身的教育能力。

（二）课程结构模块化，实现特色培养

课程结构的创设可以促进培养目标的实现，师范类不同课程都有对应的培养目标。在学前教育人才培养目标教学中，按照师范类专业认证理念和课程特点，将专业知识能力和素质结构的关系形成整体，将各门课程组合成课程模块，可以

更好地增强人才的特色培养。基础理论知识可以促进学生深入了解儿童不同年龄的学习和发展特点，教师在相关内容教学中，要对应理论知识进行实操训练，通过对学生各个学习过程的评价，可以更好地提升学生的专业能力。按照师范类专业教学理念，根据教学目标进行教学活动反向设计，可以更好地增强学生的创新精神和实践能力。在应用型人才培养要求基础上，对学前教育课程基本内容进行重新组合，在社会发展实际需要基础上，围绕某个主体进行教育教学活动组织，可以促进学生将知识与经验结合理解。学前教育专业中的课程内容与幼儿园一线工作的开展有很大的关联。教师仅依靠理论知识课程进行教学，是远远不够的。只有不断加强专业教学资源建设，将更多优秀的活动案例完善到教学资源库中，为学前教育专业学生提供实践学习的案例，促进学生实践学习更好地开展，实现教学网络资源的共享，才能够更好地提升实践教学的效率。学前教育教学方法是促进高质量学前教育人才形成的主要方式，在应用型学前教育人才培养中，对照师范类专业课程标准，从课程设置以及课程结构完善中，不断审视学前教育中存在的问题，探索出课程社会之改革方式，能够更好地推动学前教育专业的内涵式发展。在幼儿教师本科趋势下，教师在更新教学方式中，要以课程为抓手，不断在学前教育课程的不同领域，实施对应的教学活动。

实践幼儿园常规保育和教育的内容主要包括对不同年龄段的幼儿身心特点进行研究，做好保育工作。掌握设计教育活动的方法等，这些内容都是学生专业实践学习的重点。学生通过实践练习可以对专业工作内容有具体的了解，可以在实践规划中，有计划有目标地学习，从而更好地提升自身的专业综合能力。目前幼儿教育已经衍生出很多特色教育内容，教师在开展相关教学时，可以让学生根据自身的爱好和特长选择，从而开展针对性实践教学；学生在今后设计工作中，也可以有一定的竞争优势。针对学前教育专业的课程特点，学前教育专业开展教师认领课程，提前将专业课程落实到位，促进学前教育专业教师在不断进修中，将更多先进理念融入实际专业教学体系中。应用型本科院校的人才培养课程设计是对学校学前教育专业的课程规划，是人才培养的重要环节，学校课程设计是否合理，直接关乎人才培养质量。第一，要根据专业标准，全方位、正确地设计学前教育基础通识课程，同时借助适当的公共基础课和选修课程等方式，给学生搭建有效的学习平台，从而增强学生的知识素养，提高其综合发展水平；第二，继续深化创新课程改革，将学前教育专业理念和职业道德、专业知识技能等有机地结合起来，合理设计通识课程、选修课程、实践活动以及艺术类教学等，使教学结构更趋于完善优化，使学生切实地体会到课程带给他们的乐趣，增强他们的学习能力。

（三）关注专业发展，促进教学改革

本科学前教育专业走向幼教行业已经成为学前教育发展的重要方向，为强化学生学前教育发展的自觉性，促进学生养成与时代精神相通的教育理念，高等院校要在相关精神指导下，以幼儿发展为宗旨，坚实培养学生专业能力和综合素质。通过持续不断的改革教学方式，努力在教学方法上适应学前教育的步伐，可以更好地实现人才培养目标。在开展教育实践中，可以借鉴国内外成功经验，将集中短期实践教学整改成长期实践内容，将教学活动贯穿到不同学期规划中。为更好地促进学生掌握理解实践内容，可以在模拟时将幼儿园教学工作实践中不同内容互相补充。通过带领学生探讨研究幼儿园实践的不同形式，能够取得良好的教学实践效果。在教学课程短期见习锻炼教学中，教师可以带领学生深入幼儿园进行综合体验学习，并要求学生根据实践内容验证理论知识。如此一来，不仅可以促进学生内化教育理念和方法，还可以帮助其更好地向专业化发展。为有效弥补学前教育专业课程教学中的不足，专业教师可以对学前教育专业实践要求进行综合阐述，引导学生使用融合的方式将专业课程内容互相连接，从而形成适合自己认知理解的专业体系。采取课内外实践结合的方式可以有效提升学生的专业技能水平。在幼儿课程教学模拟训练中，教师要让学生不断进行角色扮演，体会幼儿园实际工作内容。并让学生根据课内外实践学习，不断反思总结，将实践经验内化成自身的技能。教师引导学生不断实践反思，不仅可以了解到幼儿教育发展的新动向，还可以加深学生对学前教育专业理论知识的理解。为更好地促进学生实践能力的提升，还要对学生实践能力进行对应性评价，引导学生将理论与实践结合，对自身的学习掌握情况评价，分析自身在学习中的不足，以更好地促进学生专业质量的提升。

为更好地促进学前教育教学改革，在对教师教学监督进行提升的同时，也要加强同行评价和学生评价。要对其他院校学前教育专业的发展特点有所了解，从而取长补短，不断完善教学体系构建，将更多创新性的教学方法积极吸纳到院校体系中。教考分离制度在实行前，要将其推广到更多课程中，在实施奖惩制度时，要与教学质量和职称评定相联系，从而更好地激发教师对教学方法的创新积极性。本科院校在培养应用型学前教育人才中，要充分学习认证标准中的相关要求，

结合自身办学定位方向，在人才培养过程中，逐渐形成符合自身优势的专业发展路径。学前专业的不同教学课程与幼儿园实践有很大的关联，不断加强专业教师资源建设，精心选编优秀专业活动案例，为学生提供更多实践案例，引导学生积累丰富的经验，可以促进其在今后实际工作中有良好的表现。我们都知道，随着社会的发展，学前教育越来越受到社会的高度重视，这使得社会对高素质学前教育人才的需求不断增长。所以传统的教育方式、老旧落后的教学观念已难以满足社会进步对高素质人才的需求。第一，应用型本科高校要创建以培养学生良好的职业素养和创新理念为宗旨的优秀人才培养规划以及评价体系，注重实践教学活动的安排，有效地引导安排学前教育专业的学生参与社会实践，激发学生参与实践教学的兴趣；第二，应用型本科高校要建立健全人才培养相关的反馈机制，将学生的自主性、创造性思维、独立思考解决问题的能力等设置为评价反馈的主要内容，借助评价反馈促进学生的学习自主性以及实践水平的提高。

（四）增加实践活动

学前教育专业课程内容复杂多样，教师在创新教学方法时，为满足不同学生的学习需求，要将班级内学生细化分化培养。可以在实践训练中创设课程活动，引导学生根据自身兴趣自主选择学习。也可以将校内课堂延伸到课外，组织多种形式的实践教育，使学生可以在实践交流学习中，学习到更多专业知识内容。在教学方法改革中，针对学生的学习发展需求，总结探讨更多有效的教学方案，在不断审视教学工作中，强化技能训练。在教师技能训练中，完善教学监督，对教师教学方法有效性进行监督，可以更好地增强教学常规管理。针对学前教育专业课程特点，学前教育专业教师在开展相关工作中，要将专业课程教学落实到位，要根据不同专业课程设定不同的实践活动，并利用监督评价机制，引导学生积极参与到实践学习中。为更好地加强对学生教学常规管理，要定期对学生的实践学习情况进行评价。根据学生在实践互动中的具体表现和课下情况不定期检查，可以更好地督促学生在实践活动中更好地展现自己。学前教育综合实践环节是学前教育本科毕业生必修环节。为使学生可以学以致用，能够将理论知识联系实践，就要引导学生先理解幼儿园实训的主要目的和意义。学生对幼儿园教育相关工作任务有具体了解后，掌握幼儿园保教工作要求和管理组织过程后，便可以按照要求完成各阶段的作业要求。

综合实践环节是解决学前教育实际问题的重要环节，高等院校专业教师在规划相关实践活动中，要不断提升重视度，要根据学生的学习情况和基础对应指导。在大力开展教学研究中，要坚持科研型专业的战略思想。为更好地提升学前教育学术水平，就要引导教师在教学工作开展的同时，进行专业研究，从而为专业建设提供更多有力的依据。通过不断加强科研工作管理，可以营造良好的学术氛围。努力开辟出多种形式的教师进修方式，建设意识政治素质高、具有较高学术理论水平的教师队伍，为实践教学的开展提供更多参考依据和指导。师范类专业认证不仅要关注课程结构与毕业要求的对应性，也要关注课程结构内部的逻辑关系，确保合理知识体系的形成，将专业课程合理安排到实践内容中，可以更好地促进学生专业能力的提升。作为高等教育和社会发展相结合而出现的新型办学模式，应用型本科院校的建设不但完善发展了我国的高等教育事业，也给很多遇到发展问题的本科院校提供了可参考途径，为培养高质量的社会主义接班人打好了基础。在我国教育事业不断发展的当下，学前教育非常重要，直接影响着幼儿教育的质量和发展。因此应用型本科院校要逐渐革新办学理念，顺应时代需求，革新学校学前教育专业人才培养模式，摒弃老旧的传统教学模式，改进优化学前教育课程设计，给学前教育专业的学生增添理论结合实践的教学设计，提高学生专业知识素养及实践水平，为学生未来就业奠定良好基础，促进我国教育事业的发展。

（五）设定明确的课程目标

教学科研的尽头是实践，只有在教育实践中，科研工作才能顺利地开展。本科院校学前教育专业教师在对专业理论研究中，要结合学生的实践训练效果，设定更加准确的课程目标。在实习活动开展中，要对学生的幼儿教育实践情况进行调研了解，从而及时调整教学方案。针对学前教育专业特点，专业教师要秉承学有所长的原则，将专业课程落实到位。在强化学生技能训练中，要结合科研目标，开辟出更适合学生学习发展的课程教学方向。在设定综合实践教学目标中，要以熟悉幼儿园或者相关机构的教育特点和职责要求为主。学生通过了解幼儿的身心发展规律，可以对幼教相关工作组织有具体的认识，从而更好地提升自身的就业竞争力。幼儿教育本身就具有很强的实践性和操作性，本科学前教育专业的学生想要更好地发展，就要根据教师设定的实践课程目标，了解掌握实践学习的重点。通过积极探索学前教育实践教学模式，明确不同年级实践教学要求，可以更好地巩固学生的专业基础。课程是教学的载体，学前教育培养目标具体化，能够直接影响到学前教育专业学生的素质结构。在课程结构改革中，不断增加实践课程门类，构建更适合学生发展的课程体系，在减少理论课程比例的同时，将实践课程合理科学规划，以此整合课程目标，能够更好地实现高素质学前教育专业人才的养成。

教学内容一般多按照授课教师提前制定好的教学大纲进行，教师通常在设计中，会将与专业课程相关的内容分割成不同的单元进行，这样便使学生无法将课程之间联系理解。针对这一教学问题，教师要将不同课程的培养目标有效对接，将每门课程按照人才培养要求构建成整体的课程内容。在教学中要将彼此之间联系起来讲解，使学生可以在基础性知识中认识到各个领域学习与发展的基本规律和特点。应用型本科院校学前教育专业课程改革应该以学生的全面发展为基础，始终关注学生可持续发展能力，帮助学生在毕业前形成更多教育师资应有的教学能力。在课程目标设定中，始终考虑学生专业技能的形成提升，学生需要具备什么样的知识能力。要根据当前幼儿园的教育需求开展设置适合的课程内容。科学合理的课程内容是人才形成的重要基础。本科院校想要培育出更多高素质幼教人才，就要增强实践教学，要将各类实践项目贯穿教育的全过程中。幼儿教育专业课程本身就比较多，学生在学习不同专业理论知识中，教师可以将最新的实践项目融入，让学生在实际操作感受中，将理论和实践有效结合，从而深化自身的专业能力。

（六）强化教学技能的训练

学前教育工作的开展，离不开多媒体教室和远程互动教学资源。教师在教学方法创新中，要充分利用相关技术，不断加强学生专业技能训练。通过完善教学训练方式，引导学生在技能展示和各项幼儿教学活动开展中积极表现，能够更好地提升学生的专业综合能力。新建应用型本科院校适应教育改革新形式，充分发挥学前教育专业优势，在推进教育教学改革中，构建更加扎实的专业技能，探讨学前教育专业教学改革方向策略，与科研同步进行，可以培养出更多优秀的学前教育专业人才。教学改革主要是以教师和教材为中心的传统教学模式，在转变过程中，要始终围绕学科教育理念和人才教学培养模式进行。通过建立与专业培养目标相适应的实践实践教学体系，延长教育见习的实践，可以更好地提升学生的教育教学能力。学前教育课程的基本目标是培养更多高素质的人才，为改变传统模式，体现出学前教育专业的特色，专业教师就要对教学目标有更加深入的认识，要在不断完善教学方法的基础上，增加学生对学前教育实践体验，训练其教学技能。

在社会就业压力下，学前教育专业学生的实践意识明显增强，在实践教学开展中，积极性明显提升。高等院校在培养学生实践能力中，要充分利用学生的内在动力，要为学生提供更多实践锻炼的机会，通过不断创造条件，引导学生正确参与，实行多样性的实习方式，可以更好地提升实践教学的效果。在对学生实践能力培养中，院校也要充分利用幼儿园教师指导作用，在配备专业教师的同时，选择幼儿园内经验丰富的教师指导学生，可以更好地保障学生见习质量。为鼓励幼儿园教师的积极性，高等院校可以定期聘请有专业特长或者优秀的幼儿园教师到大学中举办讲座等活动，在对学生实习情况给予一定指导的同时，对幼儿园教师给予一定的奖励，可以更好地提升幼儿园教师参与指导的积极性。为更好地为地方教育机构服务，本科院校在学前教育人才培养中，要明确教育实践的开展。在不同课程培养目标的设定中，要将知识能力要求对接社会人才需求。要注重知识能力和素质结构的共同发展。在传统的教学方式基础上，将基础性知识和能力性知识重组，构建成更适合现代学前教育学生学习的内容。

第三节 强化实践教学组织和管理

一、强化实践教学组织和管理的重要性

（一）促进院校学前教育专业可持续发展

实践教学是本科院校学前教育专业培养学生教育教学能力的重要途径，也是联系理论和实践的重要桥梁。实践教学的实施效率，可以直接影响到学生教育理论以及专业技能的提升，对其专业信念的形成也有重要的作用。在实践教学开展中，本科院校不断强化自身的实践教学组织和管理程度，可以培养出更多高质量的应用型学前教育人才。学前教育教师职业能力包括教学基本功、教学实践能力、幼儿必备特殊技能等。以全程实践理念整合设计实践课程内容，不断突出实践教学的重要位置，可以促进学生在学习中不断反思，实现实践与理论结合，从而形成良好的职业能力。本科院校在开展实践教学中，应始终围绕学前教育专业人才

培养目标和现代幼儿教师职业能力要求设计实践方案，通过合理构建实践阶段性目标，能够有效提升实践教学效率。根据应用型人才的基本规律，从学生可持续发展要求出发，将各个实践环节互相联系，促进实践教学体系不同环节互相配套，可以引导学生在完善的实践教学体系内学习。

（二）提升学生就业竞争力

根据学前教育专业培养目标和实践教学目标体系，将学前专业实践教学内容组织划分成不同的阶段，引导学生在不同阶段根据不同的目标内容进行学习，可以更好地提升学生各项能力的养成与提升。为确保学前教育综合实践环节教学大纲顺利实施，根据国家制定的实践教学相关规定和自身实际情况进行教学，可以更好地保障人才培养的质量。综合实践环节是学前教育本科毕业生的必修环节，能够促进学生将理论知识学以致用。在实践管理中，要从幼儿园保教实习等方面进行实践内容分配，使学生可以在保教实习工作中，按各阶段要求完成实习任务和相关论文写作。在高校强化实践学校组织与管理中，学生更加熟悉各类幼教行业教育工作的特点，能够对自身的工作职责和要求有具体的掌握。通过对幼儿身心发展规律的学习，对各类学前教育活动组织实践，能够建立初步的职业认同感，形成良好的儿童教育观。学生在高校有效管理组织中，可以形成良好的幼儿园工作能力和管理能力，能够在今后的幼教工作开展中形成良好的竞争力。

二、强化实践教学组织和管理具体方向

（一）安排与社会实际情况相符的实践内容

在高等教育不断改革中，学前教育专业也迎来更多发展机遇，面对社会对学前教育人才的需求，学前教育只有改变传统的教学模式，在强化实践教学组织管理中，将理论知识与实践内容相结合，才可以更好地提升人才培育的效果。对地方本科院校学前教育而言，人才培养的创新性和应用性是实践教学的重点。通过实践教学，学生才可以将自身所学理论知识有效应用。在目前幼教行业人才紧缺的情况下，应该加快培养应用型学前教育专业人才。实践训练本身具有很强的实践性，对学生的实际应用能力有很高的要求。学生在实践学习中，只有深入到幼儿园中，对幼儿园的实际教学环境和活动内容亲身体会参与，才可以更好地丰富自身的专业知识和实践能力。在强化实践教学组织和管理中，要针对实践教学中

常见的问题，提出对应的解决方案。为更好地明确实践训练内容，引导学生更好地融入社会，高校要选择与社会实际情况相符的实训教学安排。为更好地规范实践教学活动，发挥其在学前教育中的作用，就要制订出更加清晰的实践教学方案，通过安排与社会实际情况相符的实践内容，不仅可以让学生认识到目前学前教育发展的现状，对应调整自身学习态度，还可以促进其积累更多专业经验。

（二）按照学前教育专业课程开展阶段安排实践内容

学前教育专业中包含很多专业课内容，在开展不同专业课教学时，根据课程特点和教学安排对应的实践内容，可以促进学生更加清楚幼儿园教工作的职业要求，能够对幼儿的身心发展规律有更加深入的认识。从学前教育专业课程实践、教育见习与实习、社会实践不同阶段，组织好对应的实践方式和内容。引导学生将课内外专业知识联系实践的同时，增强其综合实践能力。在全实践课程体系下进行实践，要将专业课程中的同时课程以及专业核心课程等体现到教学计划中。将实践教学贯穿于本科不同学段中时，实践课程要占总课程三成以上，使学生有更多参与实践学习的机会。在组织实践教学时，可以将实践分为集中式综合实践和分散式综合实践。在集中式实践中将实习生以小组方式在教师指导下开展幼儿园实践。在实践中要引导学生掌握学习幼儿园教学工作内容和保育技能等。在分散式综合实践时，要以综合新职业能力锻炼为主要目的，让学生自主选择有意向的幼儿园进行实践学习。学生通过不同的实践学习方式，保持一定的实践时间，在院校实践计划安排下进行实践考核，可以明显提升专业实践的质量。实践教学是培养学前教育专业学生教育教学能力的重要途径，学前教育专业教师在实践课程规划中，要根据学生的学习阶段情况创设出对应的实践内容。引导学生在实践学习中利用实践过程印证理论知识，可以促进其自身专业信念和专业精神的更好形成。

（三）为学生提供更多实践机会和场地

校园与幼儿园合作是加强校外教育实践的有效途径，实验幼儿园既是学生的实践基地，也是在职教育学习的资源中心。高校不断加强与相关幼儿园的联系，为学生实践学习提供更多机会和实践场地，可以更好地提升学生专业能力。学生综合素养提升的有效途径就是在实践过程中不断反思，通过发挥主观能动性，将职业道德素养内化成个人行为模式。在实践组织和管理中，要将学生良好道德品质以及创造思维的形成作为主要目标。在为学生提供更多实践机会和场地的同时，对学生具体实践目标做出规划要求，使学生在实践学习锻炼中严格要求自己。在实践组织管理中，注重学生个人实践能力和经验的积累，促进学生在理论学习的不同阶段参与到真实幼儿教育情境中。通过反复尝试，在体验中获得经验，能够更好地获得幼儿教育职业认同感。本科院校在实践教学组织规划中，设定好具体的培养目标，做到实践教学的全方位渗透，促进学生在学习中体验真实幼儿园相关活动情境，做到成型的实践参与，可以更好地引导学生深刻认识理论知识的应用性，从而在今后的实际幼教岗位上，可以自主创设多样化的教学活动，能够在实际工作中有良好的表现。学生在学习阶段，积累大量的实践学习经验，面对幼教工作中的各种突发状况，也可以从容应对。

（四）设置科学高效的实践教学管理方式

在构建学前教育实践教学管理体系中，应该坚持目标性原则和整体优化原则，始终围绕人才培养目标进行实践内容创设，在掌握学前教育规律基础上，运用科学的方法将不同课程特点展现出来。在组织实践教学各个环节中，要注重相互之间的内在练习。不仅要做到实践教学活动的协调统一，还要从人才素质能力培养方面，将学前教育理论与实践内容互相渗透。在培养方案中不断规范实践教学的具体要求和形式，可以为实践教学的开展奠定良好的基础。实验教学是实践教学的重要组成部分，在学前教育理论教学中，可以根据对应内容创设实验场景，引导学生更加深入地理解验证理论知识。为避免各实践环节出现重复或者与理论脱节的情况，可以在传统学前教育理论教学方法上增加更具有设计性的内容，从而逐渐形成完善的实践教学体系。本科院校管理层要根据学前教育教学环节规定的内容提出具体监督要求，要建立实践教学检查和评价体系，对教师实践教学情况进行评价，从而促进高素质学前教育人才数量不断提升。学前教育实践教学目标是提升专业实践能力的前提，本科院校根据学生的发展现状以及自身院校的专业特色构建科学高效的实践教学管理方式，促进学前教育教师在开展实践教学中可以从不同方面引导学生，更好地提升实践整体教学效率。

三、强化实践教学组织和管理策略

（一）完善导师制管理机制

实践教学体系中的导师制管理机制可以促进本科生在实践环节中与教师和优

秀幼儿园教师合作，更好地提升专业能力。高等院校相关部门要做好导师制的执行过程管理工作，导师的选用是实践开展的关键。在导师选用时，要不断提高要求，要选择具有高学历且在学前教育领域有良好基础的教师。将教学经验作为导师选择的重要标准，将其教学经历和创新思维作为主要选择内容。缺乏一线教学实践经验的导师是无法很好地开展教学服务的，本科院校以导师素质作为任用的标准，将更多优秀的教师纳入导师队伍中，可以促进院校学前教育专业更好地发展。在学前教育不断发展中，学科专业课程也在不断分化，重新融合。建立完善的本科生导师制可以更好地落实学校的权利义务，也可以规范教师与学生的职责义务。导师受自身知识体系影响，教学服务能力会产生一定的差异。为更好地加强导师队伍整体能力的提升，本科院校可以设定导师合作机制，引导导师根据班级具体情况，进行不同合作形式指导。如此不仅可以充分发挥导师的作用，还可以促进学生在实践中受到充分指导。导师管理机制在宏观整体完善优化中，本科院校职能部门要与实践单位做好沟通与协调，要了解到彼此的学期工作计划和具体内容，从而选择对应单位导师分配任务，以确保实习生受到全面指导。要保障学院指导教师与幼儿园指导教师有足够的精力投入实践指导工作中。院校和幼儿园在合作中，可以制定导师责任要求和奖励等管理细则，要基于双方的实际情况，维护导师的基本权益。为满足学前教育扩张需求，很多本科院校大量引进的硕士、博士等青年教师，具有强烈的工作热情，但经验不足，在实践教学中会产生力不从心的感觉。为更好地提升学前教育实践效率，高校要不断完善导师制管理机制。从多方面进行指导，针对新进教师，要给予职业生涯发展指导和建议，在教学培养中，可以让学前教育骨干教师指导青年教师根据自身状况不断完善专业实践教学能力。导师的来源很广泛，不仅可以选择本校优秀的教师，也可以聘请其他学前教育单位的优秀人才。在导师配置中，始终秉承双向选择的原则。在指导其学前教育实践工作中，要了解到具体工作进度和情况，从而及时更改调整。可以对导师的专业实践教学情况进行具体评估，能够引导导师利用专业知识发挥最大的影响力。导师在具体实践教学工作中，会获得很多科研教学帮助，将相关资源有效应用到学前教育实践教学中，可以更好地促进本科院校学前教育学生实践能力的提升。

（二）合理调整实践时间比重

高质量的实践教学需要充足的实践时间作为保证，学生在实践过程中，通过对幼儿园教师工作内容的观察和幼儿保育教学过程，可以对幼教工作有具体的了解。但如果实践时间不足，学生只能观察到某一个阶段的幼儿表现过程，形成的学前教育知识体系也不会太完善。制定合理的实践时间是提升本科院校实践教学的重要基础，为有效改善实践中学生实践时间不足的现象，要安排学生全天候实践观察学习，从而保障实习生对幼儿的一日生活细节有更多的了解。在不同学期内，本科院校要将学生安排在不同年龄幼儿班级中，使学生可以根据幼儿的不同年龄阶段发展情况，将课堂理论知识联系理解。通过调整下园实践周期，促进学生对实习过程整理反思，更好地提升其实践能力和创新能力。本科院校和幼儿园建立良好的合作机制，在安排学生实践学习中，做好时间分配，避免学生产生重复劳动的情况。在将实践时间合理分配的同时，保证学生实践过程的质量，不仅可以有效缓解学生实习产生的紧张和焦虑情绪，还可以促进其各项专业能力的提升。教育理论课程的开设是培养学前教育专业学生的理论素养和教育技能。教育理论课程中包含着幼儿课程论、幼儿教学活动与指导等内容。学前教育实践课程通过提供教学经验，可以促进学生获得幼教工作的必备能力，促进学生形成教育研究的工作能力。学前教育课程实践比重必须按照学前教育人才目标要求进行，要结合学前教育学生自身的需求以及学校的实际情况，规划出课程数量和具体实施项目内容。为有效改变大多数本科院校实践课程比重小的情况，就要在完善实践课程体系过程中，采取各种有效措施，不断增加案例教学。在增加理论课程研究的同时，要将实践内容统整起来，从而进行更深层次的教育实践训练。在完善师生考核制度中，要将幼师实践能力培养落到实处。为避免一次性实习的缺陷，本科院校要将实习模式不断细分，要将学前教育专业学生始终处于实践的环境中。引导学生在自主方式下进行幼教实践，以更好地培养其全面素质。毕业生实习的过程，主要是为了培养学生的学前教育专业全方面能力。在实践课程比重对应增加中，院校教师也要对学生不同阶段的见习实习情况进行指导，从而使学生可以不断自我修正。将研究性学习内容引入实践课程中时，也要不断反思实践教育过程的作用，促进学院教师与实习学生总结实践中的收获，以促进学生实践能力的快速提升。通过增加实践课程的比重，将实践课程贯穿到学生整体学习阶段，能够将优势培养目标落到实处，更好地提升本科院校学前教育专业的竞争力。根据应用型人才培养目标和现代幼儿教师职业能力标准，设计学前教育实践教学目标，将教师教学培养目标与人才培养规格作为教学体系的重点，能够更好地实现总体性培养目标。

(三)建立理论与实践互相渗透的工作机制

理论与实践互相渗透需要本科院校各职能部门的积极配合,建立合理的工作机制。本科院校职能部门在制订实践方案时,要对学生和导师实践行为进行规定引导。为更好地调动实践参与者的工作积极性,学院教学指导要全面负责实践教学环节的落实,要在实践教学环节,根据工作计划和实践内容进行全面指导。为促进实践工作环节落到实处,要在不同实践阶段建立理论与实践管理机制。实践基地的支持对理论与教学渗透机制的形成也有重要影响。通过合理的定位工作与实践的关系,明确导师任务理念,可以更好地调动教师团队的工作积极性。理论与实践互相渗透,可将不利于实践教学开展的内容不断提升。为保障实践教学的有效性,要对渗透机制的创设提出更多针对性意见。本科院校通过不断保障实践体系的管理,可以为高素质学前教育人才的培养提供有力支撑。随着学前教育专业的不断发展,实践教学体系的构建也成为技术含量极大的系统工程。在其实施和运行中,还有很多需要思考的问题等待验证。本科院校只有不断完善实践和理论的渗透融合,建立更加完善的工作机制,才可以为学前教育专业的发展奠定良好基础。幼儿卫生学、幼儿心理学、幼儿教育学是幼师专业理论课的主要内容,这些课程内容具有较强的实践性。在实践教学开展中,要提升学生的保育基础能力。依据幼儿园教师岗位要求,制订出包含情感目标和社会能力目标的可行性方案,推进学生以多种形式展开实践学习,在实训中不断强化专业技能,以更好地提升实践教学的整体效率。为督促学生可以充分参与到实践课程中,教师在备课过程中,可以与学生合作,让学生从资料收集到课件制作,可以亲自动手,从而更好地增强实践体验。在实践教学过程中能够更好地激发学生的创新能力,在不同实践行动教学模式中,引导学生根据自身岗位需求设定学习目标。在实践学习中,让学生自主对实践效果进行评价,不仅可以更好地增强学生的幼儿园工作适应力,还可以促进学生将理论知识内容与实践过程更好地融合。实践教学内容的设定应该与幼儿园实际需求贴近,本科院校要根据实用性原则进行实践内容设定,在对教材进行整合的同时,将实践内容的实用性和针对性体现出来。从一定程度上将理论课程的内容以实训的方式展示,可以让学生真正做到学中做、学中练,从而更好地提升专业能力。在构建学前教育专业实践教学体系中,从整体人才培养计划角度出发,不断明确教学目标和实践开展的具体形式,能够从根源上保证实践教学的质量。

（四）强化实践主体的反思意识

实践教学体系中的实践主体反思意识，既是学生在实践中产生的反思意识，也指实习教师主体的反思意识。想要更好地提升实践者的反思动力，就要利用好课堂教学等形式，让实践者认识到自己是实践的主体。理论学习是无法促进学习者从学习中形成主体心态的。通过有效的实践锻炼，可以激发学生主体意识。巩固实践主体的决心是保障，除了激发实践者的动力外，还要制定适宜的反思方法确保实践者反思的决心。本科院校可以通过定期召开实践反思讨论，以及实习生实践经验分享等相关活动，鼓励实践者持续反思。在任务安排中，要根据实践者的能力合理分配，并且反思讨论的次数不能太多。与实践教学经验直接传授相比，导师引导学生在实践学习中不断反思，可以有效避免在幼儿教育过程中出现问题，能够更好地促进其专业实践能力的不断完善。在实践教学体系中，对学前教育本科专业框架架构和实践价值不断研究树立，从学校管理角度对目前实践教学现状不断进行分析，借鉴更多优秀的理论内容，将其有效应用到实践引导中，可以更好地提升实践教学的效率。反思实践理论是连接教育理论和实践的桥梁，教师通过构建复杂多变的实践教学情境，引导学生通过反思做出对应的决策和行动，能够更好地激发其实践能力的培养。本科院校学前教育阶段是师范生学习专业知识，掌握专业技能的重要阶段，院校相关专业教师帮助学生在学前教育专业学习中，不断将所学教育理论转化成教育行为，能够促进其形成正确的教育理念。学前教育专业教师在开展反思型教育实践能力培养中，要从人才培养目标出发，对教学实践整体进行规划。将反思能力与学前教育实践能力融合纳入专业能力培养目标中，可以更好地设计出反思能力培养实践教学体系。在将反思型学前教育实践能力分解中，会对应落实具体课程，将校内外教育实践活动有效整合。在全面指导实践活动开展中，要确保实践教学在人才培养方案中的占比。要注重学校课程和社会实践课程的结合。学前教育反思型实践教学模式是根据幼儿教育培养目标设计开展的，是由各种子体系互相配合形成的。按照幼儿教师实践活动的教育情境，建立学前教育专业基础技能场所，在满足实践教学需求中，将各部分实践训练内容穿插在真实教育情境中。学生在实践环境中对理论进行实验，可以运用所学理论进行自我分析，从而促进能力不断地提升。反思能力培养对师范生教育理念和专业情感的提升都有重要的意义，本科院校在开展学前教育实践教学中，要设计对应的实施环节，将幼儿教师必备环境有效利用，并将教育活动计划等融入课程教学中。

（五）设定多样化的学期实践方案

为更加规范地开展学前教育活动，发挥本科院校学期教育专业教师的作用，就要制订学前教育专业实践教学方案。要将学前教育专业实践内容体系和教学原则等融入其中。实践教学是本科学前教育专业学生专业能力提升的重要途径、课程组成的重要部分，不仅可以促进学生更好地掌握专业技能和教育教学方法，还可以促进其形成良好的专业信念。学前教育专业实践教学目标的设定是实践教学过程开展的前提。科学合理的实践教学目标可以更好地引导学生构建职业技能和职业素养。根据学前教育专业培养目标及实践教学目标体系，学前教育专业实践时间和方式主要为大一和大二每三周安排半天见习时间，第一个学期主要对学前教育卫生和幼儿卫生保健常识，以及幼儿保育的基本内容、常规检查等内容进行实践学习，同时还要接受钢琴、舞蹈等常规训练。第二、三学期主要对幼儿心理学进行学习，通过实践教育观察，了解到儿童身心发展特点等。到大三每学期分配三周实践进行见习，主要在实践学习中学习幼儿园办园理念以及幼儿园活动协助指导等。到大四，集中九周进行实习，主要参与学前教育活动创设以及教学工作反思等。在创设实践方案中，本科院校要根据不同年级的学习主要内容和规定的实践课时，合理安排实践教学内容，使学生可以将理论和自身与实践课程高度关联，达到理论与实践的互相促进。为确保实践教学的顺利开展，要做好组织保障，根据教育部门制定的相关措施，做好实践教学指导的检查。目前院校可用的设施设备有舞蹈室、计算机教室等，为保障实践教学顺利实施，本科院校要增添更多教学设备，要将最新教学理念有效融入。同时也要做好与当地幼儿园的合作，要与不同幼儿机构有良好的合作关系，使实践教学需求可以保障完善，从而促进实践教学活动的有效开展。教学管理是开展教学工作的质量保障，实践教学管理包括对管理机构、实践教学基地以及人员的管理和评价。为保障实践过程中得到全面支持，要从人员管理以及基地建设中不断提升重视度。要对专业教师的实践项目报告等进行整体评测。采用科学合理的管理方式对实践教学制度整体进行科学管理，促进实践教学更好地开展。在积极利用信息管理软件进行科学管理中，也要制定全面的教学评价体系，从而更加公正地对教师的实践教学水平进行评测。

第四节　改革学生的评价方式

一、改革学生学习评价体系的作用

（一）能够促进学前教育专业人才质量的不断提升

评价作为学前教育专业本科人才培养模式的重要组成部分，想要充分发挥作用，就要改变传统评价的中的不足。高等院校不断强化评价管理部门的服务智能，加强科学规划评价指标，能够更好地对学前教育课程的项目标准进行组织和考核。为促进评价过程严格开展，保证评价过程的公正性，就要将学生课堂表现等也纳入评价指标体系中。在对学生进行专业成绩考核时，加强学生个人评价内容，依据学生的职业道德素养以及幼儿园实践评价内容，对学生学前教育专业能力进行评价，可以更好地促进学生形成良好的专业价值导向。改革对学生的专业评价方式，能够将指标体系进行更加清晰的划分，保证评价过程的有效实施。将评价指标等级清晰划分，可以更加明确对学前教育专业评价的具体概念。从我国教育理念以及新时代人才观学前教育特点出发，构建学前教育人才评价指标体系，能够为社会培养出更多优秀学前教育人才。人才培养目标评价体系是质量评价体系的有机组成部分，本科院校对人才培养目标的科学定位和合理评价，对学前教育人才质量的提升有重要影响。如何构建本科院校学前教育专业培养目标体系，建立多元化的评价方式，是本科院校学前教育专业开展前的研究重点。为保障人才目标的实现，就要建立全面科学的评级体系。

（二）对院校自身专业的发展有重要影响

目前学前教育专业人才培养评价主体是学校和社会，在对全体毕业生评价中，会构建以学校为主导、社会评价相结合的评级体系。学校评价主要是对学生在校期间的情况进行评价，为促进评价效果，本科院校可以确定学分制和职业资格证书相结合的评价机制。社会评价主要是用人单位等进行，用人单位对学生的评价内容是衡量学生学习质量最有效的方法。为更好地对毕业生的工作情况有所了解，本科院校要与各用人单位密切合作，可以通过网上调查等方式全面了解用人单位对毕业生的满意度。现代高校评价体系的改革主要体现在课程体系的综合性开放性中，以就业为导向将幼儿教师职业资格要求融入课程大纲中，并对学生完成度进行评价，能够更好地提升本科院校学前教育的质量。为确定学前教育专业人才目标是否达成，在不同阶段评价主体和评价过程也是有差异的。立足于学前教育专业客观需求，针对目前学前评级体系单一化的情况，就要通过理论与实践结合的研究思路，提出更加科学的学习评级改革方式。在评价多元化中，可以有效完善反馈机制，更好地实现培养目标和教学模式完善。本科院校通过积极探索学前教育专业人才培养模式，能够促进学前教育专业更加长远地发展。

二、改革学生评价体系的主要方向

（一）学习评价改革的指导思想

高等院校学前教育肩负着培养高素质幼教人才的重任，学前教育专业的评价方式不仅可以影响教育质量的提升，对教师的教学方式以及学生的学习状况等，也都有重要的影响。在教育改革不断推进中，构建科学的学习评价体系已经成为学前教育专业课程教学评价中需要重点解决的问题。学习评价主要对学前教育专业人才的培养过程的重要环节进行评测，通过对课程教学大纲的执行情况以及学生在校期间的综合水平评价，发现其中存在的问题并及时纠正，可以更好地满足本科院校学前教育专业发展的需要。学前教育专业课程中包括很多内容，在教学和训练过程中与其他专业有很大的差异。在学习评价开展过程中，要针对考核评价手段和课程特点对学生的实际学习状况进行点评。学前教育专业经过多年的改革与探索，形成了较为完整的体系和模式。学前教育专业意识素养一直是本科院校建设中的主要探讨问题，在评价改革中，也要从相关内容入手，要在不断进行专业技能训练的同时，增加技能类课程的比重，保证课程时间，从而更好地提升学生的专业技能。本科院校在开展学前教育教学中，只有将现行学习评价方式不断更新，才可以促进学前教育专业学生质量不断提升。在对学习评价体系进行改革时，要立足于学前教育专业发展，通过整体课程学习评价促进本科院校学前教育人才培养模式的改革。学生专业学习的过程，也是学生情感态度和创新记忆不断建立提升的过程。学前教育专业的特殊性对学生的各项能力的形成提出了更多的要求。在开展学生评价中，全面地对学生学习过程和学习方法等进行客观评价，有利于学生更加全面地发展。

（二）建立完善的评价点

学前教育课程结构包括教育基础课程、通识教育课程、学科专业课程和教育实践课程，不同的教学对学生学前教育能力的形成都有重要的作用。在对学生学前教育专业技巧和综合素质等基础知识掌握度进行评价时，不能将其作为衡量学生学习效果的主要依据，要从学生的专业全面发展情况，进行合理的评价。以综合专业能力提升为主要方向，对学生的实践和理论知识总体掌握应用能力进行评价，可以保障学前教育专业人才培养质量得到保障。学前教育专业的热点决定了技能操作实践是否完成目标，学习评价反馈体系可以更有效地指导学生对自身所学知识进行反思，对自身专业知识的掌握度具体了解。学前教育专业本身就是综合性较强的专业，从学生实践过程中，对学生的理论知识掌握程度进行考评，引导学生在评价内容中不断思考问题，有意识地形成反省的能力，是培养高质量学前教育教师的有效方式。完善学习评价反馈体系不仅有利于教学改进，还可以在探索学前教育专业人才培养模式中，实现学前教育专业的发展质量。以考核评价为目标，指出目前学前教育专业课程设置的主要目标，在提升学生专业素养和改革教学环境中，对专业教学内容重新构建，从学生成果评价扩展到对学生情感态度价值观，以及知识技能的掌握情况设计更加完善的评价模式。以实践评价为突破口，不断推动本科院校专业教师的教育能力不断提升，在引导学生进行实践锻炼的同时，促进学生从不同课程方面得到实实在在的锻炼。改革的最终目的是将学习评价体系有效融入教学整个过程中，在不断追踪检测学生不同时段的学习发展情况中，结合教学目标理论分类，合理构建合作能力考核目标。

（三）学前教育学习评价方法的开发

在对学前教育专业技能进行评价时，如果只是靠学生的专业考试分数进行评价，会导致学生忽略对专业技能的理解和内化，不利于学生问题解决能力的提升。为促进学前教育专业人才质量得到保障，在对学生学习进行评价时，要开发更多科学有效的评价方法。学前教育专业课中六成以上要求学生掌握实践技能，学前教育专业的特点是培养学生实践技能的关键。在考核评价中，要开发出可以有效评价学生实践能力和创新能力的评价方法，从而促进学生逐渐向人才培养标准靠近。学前教育专业学习评价可以指导教师更好地了解学生的学习情况，进而发现问题的根本所在，更好地改进教学方式，提升教学水平。当前学前教育专业课程存在的主要问题是，课程培养与就业需求不适应，对学前教育专业课程体系进行改革，就要符合社会对学前教育专业的需求。在评价体系中，也要引导学生对自身学习情况有具体的了解，使学生可以在不同学习模式中，实现学前教育专业的良好发展。在进行评价方法开发时，要立足于人才培养方案，以评价点为指导，根据课程特点制订出不同课程的评价可行性方案。不同的本科院校在改革评价方式中，要根据自身的实际情况确定教育改革目标，不仅要考量到学科发展逻辑规律性，也要根据学生个性化特点构建多样性的评价方案。本科学前教育专业课程体系的设置必须满足现代社会的需求，要以就业为导向不断完善评价机制。专业目标是学习评价改革的标准，本科院校以发展的眼光，提出学前教育专业培养目标，要注重突出科学的专业理念和专业态度，从而使学生在评价内容引导下，不断提升自身的职业道德素养。

（四）学习评价改革的实施方向

专业培养模式以及课程体系的完善是学习评价改革的基础，学前教育专业长期受传统教学模式影响，存在很多弊端。为加强学习评价改革，要在完善培养模式和课程体系时，将实践技能类课程比重增加，并根据学生实践学习中的具体表现进行评价。在积极推行专业核心课程职业导向考核制度中，要完善以考核为核心的教学考核体系，不断扩充原来的评定方式。专业知识和理论并不等同于职业能力，职业能力的获取程度可以直接影响到学生的就业。在学习评价改革中，要构建教学体系工作目标，对学生的实践课程学习情况进行上岗活动模拟，对学生的实际表现情况进行对应评价。人在学习发展中是一个动态的过程，科学的评价指标体系可以更好地发现学生的潜能。从目前的学前教育专业毕业生就业情况来看，大部分学生从事的都是保教工作，高素质的学前教育队伍构建已经成为社会的主要发展方向。在对学生学前理论课程学习状况进行评价的同时，也要不断增加对学生实践学习的重视，要对学生实践从多方面进行评价指导，从而使学生在工作后，可以有更强的竞争力。在对学生实践过程进行评价时，要帮助学生不断认识自我，将他人评价和自我评价有效结合，使学习评价可以促进发展。根据学前教育课程特点，探索出不同课程学习评价改革方案，通过多元化评价方式，分阶段总结反思，能够更好地实现育人目标。整体课程学习评价模式在改革中，要对教学的方法和现有课程模式进行整改提升。

（五）实施新的考核制度

随着国家教育相关政策出台，学前教育事业得到了很好的发展。幼儿教师队伍建设和整体素质提升，已经成为本科院校学前教育工作开展的重要目标。为培养出更多具有丰富理论知识和较高文化素养的专业教师，本科院校要实施新的考核制度。要从人才培养目标出发，构建专业技能考核，从而促进学生专业技能实践能力的更好提升。学前教育专业技能考核是以考核为主要手段的，开展的主要目的就是促进学生进一步掌握幼儿教师必备的基本技能，能够将所学知识有效运用到教学实践中。在考核过程中，主要通过考核内容和考核标准对学生的实习情况做出评价。在新考核制度实施中，要以学期为考核单位，对不同学生进行量化考核，为使评价考核制度起到一定作用，可以使用学分记录的形式开展。考核综合成绩要由教育系学前教育专业技能考核领导小组评定。对每项考核项目，最少由两位以上的评委负责，并给出对应的等级分数。合格者由教育系颁发不同等级的学前教育学生专业技能证书。对于具有特殊专长的学生，可以经学校教务处审核后，再颁发专项证书。例如，在对必修课程舞蹈进行考核时，要根据舞蹈教学目标将考核内容划分成多层，要具体体现出学前教育舞蹈教学的特征。考核中，可以以抽签选题的方式让学生即兴创编，在对考核要求进行设定时，要从舞蹈动作自然衔接度和基本能力进行。再如，幼儿歌曲视唱是幼儿教学的重要内容，在设定考核要求，要以音准以及作品风格等内容作为考核能力，以加强学生的意识表现力。无论是什么课程进行考核，都要统一考核和分享，要将考核依据与教育部门对学前教育考核要求对应，使考核结果可以成为下一年度学前教育项目分配的重要依据。很多本科院校的学生综合素质评价体系初步建立，其中包括了德育综合测试、人文素质测试等，综合素质评价对学生在校期间的整体综合素质情况和院校培养人才情况提供了重要依据。构建全面发展的学前教育专业评价指标体系，对学生的职业规划以及从业态度评价，可以更好地保障学前教育学生的综合素质。建立科学的学生专业素质能力评价体系，对本科学生有好的促进作用，能够引导学生在评级体系内容中，对自身学前教育专业的学习有具体的规划和方向。学前教育专业教学质量是本科院校专业发展的前提，在对学生评价时，将社会认可的教育质量要求融到其中，在原有评价制度的基础上，将更多新的评价要求和内容完善的评价体系中，可以更好地鉴定毕业生的质量，引导学校通过用人单位反馈情况不断强化办学理念。目前很多本科院校对毕业生就业后的情况进行了跟踪调查，将毕业生质量社会评价指标不断落实，使得学前教育专业评价体质更加规范化。通过不断提升评价的权威性，能够促进学前教育专业人才质量的更好提升。

（六）完善实践考核方案

学前教育专业实践课程是专业教育的必要环节，是学生理论结合实际综合应用解决学前教育问题的重要方式。在实践课程教学目标设定中，不断增进学生对学前儿童的理解，可以促进其树立正确的儿童观。要促进学生熟悉幼儿园及其他学前教育机构的工作特点和职责要求。尤其要对学生学前教育活动的组织设计能力进行考核。学前教育专业设有学前教育学和学前儿童语言教育等课程，这些课程都是学生教育实践的理论基础。在考核内容与要求中，要从综合实训和岗位技能实训方面开展。为规范实践课程教学工作内容，要制定完善的考核方案。实践课程是教育过程的真实体验，能够帮助学生更好地熟悉幼儿园相关教育工作内容，可以促进其毕业后更好地从事保育与教育工作。幼儿园教育工作主要包含了解幼儿、制作活动教具、设计活动方案等内容。管理工作主要包括班务等内容。为更好地促进实训课堂教学拓展延伸，就要引导学生运用正确理论有效为幼儿各项教育活动的开展制定出对应的计划，并评价教学效果。在考核内容中，要求学生可以根据自己在幼儿园实践的直观感受编写教案、模拟教学等，并可以根据幼儿园活动安排进行简单的活动创设。在实训考核中，可以通过技能指导、设问等多种方式进行，指导教师发现问题后，要及时纠正指导。毕业设计是本科院校学生完成课题学习后的总结性作业，是检查学生综合专业知识掌握度和实践能力的重要环节。在对相关内容的考核中，要对学生的论文结构和创新内容进行具体考量，并结合实践课程具体情况创设。综合实践课程开展中，要以学生自主学习为主，指导教师通过提供必要的指导，促进学生更加明确实践课程内容要求。在实践课程开展中，要注重对个别学生的辅导，在整体实践和毕业设计中要与学生保持联系。在教育实践教学环节，可以按照综合辅导、制订见习计划、开展见习、接受教师指导等环节开展。教师在教学环节中，要具体讲解学前教育基本理论，要运用多种方式模拟幼儿园各项活动。学前教育考核方式与其他专业课程有很大的差异，教育见习以及顶岗实习都是由实习单位对学生的实践表现进行考核评定。技能岗位实训和课件制作都是由教师根据学生的考勤以及课堂表现进行评定。毕业考核是根据学生提交的毕业作业成绩评定，对实践或者成绩不合格的学生，不计学分。科学性原则在学前教育评价体系中有重要的作用，失去科学性的评价内容没有任何价值。科学性的评价体系既可以客观地反映出毕业生的质量，还可以按照教育统计学的方法保障指标体系的科学性。在完善考核方案中，要始终遵循教育统计学的要求，将学生评价资料分类评价，使同一层次的评价内涵不同，更好地提升指标体系的完整性。评价体系考量到学前教育专业的培养目标和社会用人单位对学前教育人才的需求，才可以更好地促进人才培养过程不断优化。只有朝着优秀幼儿园教师应具备的素质标准不断努力，才可以更好地实现人才培养目标。

第五节 研究性教育实践

一、研究性教育实践的含义

在学前教育专业理论教学中可以从建立团队、设计方案、形成报告等方面组织学生进行研究性学习，通过改革评价方式，能够提升学生自主学习的兴趣、能力以及专业素养。为促进幼儿园教师专业发展，要建设一支高素质的幼儿教师队伍，通过对幼儿园教师的专业素质提出更加明确的要求，强调幼儿教师不断进行专业化学习。将学前教育理论与保教实践相结合，通过研究幼儿成长规律，提升保教工作专业化水平，能够更好地改进目前保教工作中的问题。研究性教育实践是学生在教师的指导下，以科学研究的方式，围绕专业话题进行主题研究的过程。学生在教师指导中，通过观察问题、提出问题、设计实施等活动，将知识内化，形成自身的发展能力和学习态度。研究性实践教育的展开，主要是为了改变传统灌输性的教学方式。为培养出更多符合社会需求的创新型和应用型学前教育专业人才，应该在学前教育专业理论课程中，始终渗透研究性学习理念。当前本科学前教育专业设置的课程实践，很多已经不适应新时期人才培养需求。构建合理的学前教育课程体系，对本科学前教育专业化发展有重要的影响。

二、研究性教育实践的意义

（一）促进学生更加全面地了解幼儿园

研究性教育实践的主要目的，就是促进学生将在学校学到的理论知识运用到幼儿园实践活动中，学生在学前教育理论和实践检验中，可以及时发现问题、解决问题，能够促进自身学习到书本上没有的知识。学生在研究性学习实践中，可以更加深入地了解到幼儿园的实际状况，能够在理论知识与实践结合的同时，为自身今后工作的开展奠定良好的基础。研究性教育实践不仅是学前教育课程中的必修课程，也是提升学前教育专业素养能力的主要方式。教师在引导学生参与时，要从学生的实际学习情况出发，为促进学生在研究性学习中查漏补缺，要让学生在实践中，真真切切地接触幼儿，在与幼儿的不断相处中，了解到幼儿教师的必备技能和专业素养。在课程实践中，有理论知识支撑才可以更好地开展。在学校的课程学习实践中，专业学生通过了解幼儿身心发展规律，掌握更多幼教专业的最新动态，全面的知识体系，能够更好地发现自身的不足，提升自身专业能力。

（二）学生在实践中更好地掌握常规保育和教育的方法

在研究性教育实践中，学生根据研究内容对幼儿日常保育过程和各年龄段的幼儿身心发展规律具体掌握，能够形成保育和教育的能力基础。在掌握和设计各种教育活动中，可以根据幼儿园班级环境和幼儿特点设计出对应的教育内容和活动方式。实习期间在指导教师的引导下，能够对幼儿一日活动内容，和不同环节的保教内容清晰了解，并根据幼儿园的工作计划做出保教计划。学生在组织幼儿园教育和游戏活动中，会根据随班教师的工作内容辅助，引导幼儿更好地参与教学活动。在各区角游戏活动中，学生有效组织和管理，可以保障幼儿游戏开展的安全性和质量。本科院校根据学生的具体实践质量对应考核评价，可以根据学生在幼儿园实习中的观察笔记以及工作计划等了解到学生的实践情况。根据幼儿园等实习单位对学生实习期间的表现情况，学院可以对学生的各项能力进行综合评价。在课程实践中，实践技能能够体现出学生各方面能力提升的程度。学生将所学理论知识有效地运用到实际教学中，在课程实践中，逐渐改变自身的被动状态，使其更好地融入课程实践中。

三、研究性学习的实施

（一）建立团队

研究性教育实践开展前，先让学生自由搭配构建成研究小组。并选好组名，选出组长代表。为更方便组内成员讨论交流，可以以小组为单位排定座位，构建3~4人的小组研究团队，可以更好地强化学生的责任意识，对学生的集体荣誉感的形成有重要影响，同时还可以避免小组人数太多而导致责任太过分散、小组任务不达标等情况的出现。学前教育实践的主要内容有：对幼儿园教育环境进行考查、对幼儿园课程与实践课程进行观摩、幼儿园教学实习等。在小组人数组合中，要根据实践内容划分小组。根据专业教学要求，将学生所学理论知识综合运用，可以更好地培养学生的专业研究素养。学生在小组研究中，通过不断分析问题、提出问题，能够更好地提升创新意识和素质。团队研究的方式可以引导学生在互相协作中互相帮助，学习自身在理论实践学习中没有关注到的内容。学生之间对学前教育理论知识内容共同分析探讨，有助于学生团队协作能力的提升，可以为其今后的就业发展能力的提升奠定良好基础。指导教师考虑到不同学生在专业学习中的缺陷和优点，指导学生在小组互助共同研究学习中，对共同课题进行研究，形成研究报告或者相关论文，以促进学生专业能力更好的提升。

（二）选择课题

学生小组划分后，教师就要指导学生选择研究课题，选择的课题要具有科学性和可行性，同时要兼顾学生小组的研究兴趣和现有的知识结构。很多学生在选择研究课题中可能会处于茫然的状态，教师此时就要引导学生从日常教育现状和幼教相关社会热议话题中选择课题。例如，幼儿园小学化的问题、幼儿园多媒体计算技术的运用等相关内容。在具体事例的引导下，学生小组可以很快找到合适的研究课题。学生在具体实践中，可以根据自己的兴趣爱好选择具体实践的内容，或者在组长的协调下，小组之间制定具体的任务分发，组内不同学生负责不同的幼儿教育实践内容。在选择课题中，就可以选择学生在实践中的具体事例，如不同年龄段幼儿的心理发育状况等。在以先天内容作为研究课题中，就要结合幼儿不同发育指标等内容进行。幼儿的心理状况可以会受到外界因素的影响。在课题开展中，要对幼儿教育环境以及幼儿保育工作进行深入了解。只有走进幼儿，才可以更加深入地了解幼儿的身心发展特点。针对幼儿心理方面的课题选择时可以选择当前幼儿读写算教育的思考、幼儿心理健康教育方法探讨等内容。为将所学基本理论知识有效应用到教学实践中，要严格按照幼儿园的实践工作指标进行参与。在协助幼儿园教师开展幼儿保育教学活动中，学生要经常与教师交流活动的开设方法和具体设计方案。在掌握相关活动规划方式后，要结合和理论知识在研究小组中将自己的实践经验分享，互相沟通并形成系统的研究内容。在选题过程中，要引导学生选择与自身实践相关的内容，让学生针对目前社会热议话题发表自己的意见建议，将学前教育的意义和价值有效掌握。

（三）设计方案

研究方案的选择可以直接决定课题研究的质量和效率，研究方案中应该包括课题名称以及研究目标等步骤。在制定课题研究方案中，教师要根据学生研究的内容选择适当的方法。为提出更加完善的研究方案，可以让研究小组依次发表自己的想法和思路，从而小组内成员不断调整，形成较为完善的研究方案。小组内成员在互相质疑反思中，会将自身的研究方法和研究思路进行优化。研究内容确定后，就要设计出具体的研究方案。学生设计具体实践方案时，要严格按照幼儿园的计划和安排进行，要积极参与到幼儿园的各项活动中，协助主班教师做好不同幼教工作安排。例如，幼儿园在开展户外活动时，学生要协助主班教师做好幼儿组织以及安全保护工作，要对幼儿的活动过程进行监督，避免各类危险事件的产生。同时，也要关注不同幼儿之间的关系，对幼儿的情绪以及人际情况做好总结，针对不同过程阶段的幼儿表现变化，研究中做好对应分析，从而讨论出影响幼儿状态的主要原因。幼儿园在开展各种教研活动时，学生也要积极参与，可以在丰富的教研分享活动中学习优秀幼儿教师的教学经验，也可以对其他教师在工作中提出的问题不断思考，将其引入学校小组研究话题中。不同的学生在幼儿教育实践中，会有不同的收获。在小组研讨中，结合理论知识对实践内容谈论，提出自己的见解，可以促进学生更好地内化专业知识，提升专业实践能力。在实践锻炼中，学生可以将自己的教育理念运用到实践教学中，在实践过程中得到锻炼，改善自身教学问题。

（四）形成报告

学生根据调整完善后的研究方案开展理论实践研究，研究过程中根据对学前教育理论中的问题不断挖掘，并找到具体解决方案，促进课题得以完成。在报告正式实施中，小组内成员可以分工合作，通过各种研究方法收集到与学前教育理论研究相关的内容，然后再将符合研究方向的内容进行筛选、整理，选出最有价值的内容，并将其总结形成研究报告。学生在研究报告撰写中，由于缺少经验，不明白研究报告的具体写法，教师就要对学生进行具体的指导。除了必要的书写格式指导外，也要让学生将自身的观点和选择材料的解释写出，通过这样的方式不仅可以让学生在研究过程中逐步学会从实践中探索理论知识，还可以更好地提升自身的知识内化能力。新时期社会对本科院校学前教育专业的现实背景提出明确的研究目标。学生小组在形成研究报告时，要将国内外关于学前教育实践教学体系现状融入，在对学前教育实践体系基本架构和实践价值进行分析时，找到发展的方向和特点。学生通过学院档案馆的文本资料内容以及搜查的与实践教学相关的文献内容等，可以了解到不同研究内容成果的意义，能够根据研究现状找到进一步研究的内容，基于此更好地开展研究资料的搜集与分析。实践技能在课程实践中有很大的影响，为促进本科院校学生获得更多实践技能，就要不断优化实践项目内容。在课程实践中，学生通过课程实践可以促进自身专业经验的提升，可以对幼儿教育认知不断进行深化。大部分本科院校学生在课程实践中能够保持端正的态度，能够在课程实践中不断反思自己的不足，可以根据学前教育课程设置调整自己的行为态度，在相关报告中将相关内容融入。

（五）展示交流

形成研究报告后，各研究小组将各自研究成果在课堂上汇报交流，让小组之间互相评价。学生小组之间在此阶段会积极参与，能够根据自己所学学前教育专业知识具体地指出不同小组中存在的不足。在此过程中学生会通过思想互换，不断拓宽专业思想认识，从而形成更加完善的教育认知。为使专业实践教学环节与理论课程有效衔接，就要将见习和实习成果进行展示交流。学生小组之间将幼儿园教育教学能力和幼儿园活动设计与组织能力作为具体的操作实践任务，可以使学生在理论实践研究中得到更多收获。教育实践教师根据学生展示交流的内容做出对应指导，为帮助学生提升教育实践能力，要根据学前教育专业培养方案的制定语句，对学生的专业掌握度和实践能力对应评价，从而促进学生不断完善自身专业能力。学生在教师的帮助下，为教育活动做好准备，在分配好的小组中充分表现自己，将交流情况汇总。由教师审核指导后，可以更好地引导学生不断发展。为让学生可以真正参与到见习实习中，在不同实践阶段有所收获，学生小组要在自身任务基础上做好实践记录，并对记录内容不断整理，以使在小组汇报中能够清晰地提出自己的见解与想法。

四、研究性学习的评价

评价可以直接影响研究性学习的发展方向，关系着最终的教育效果。学习过程不仅是学习者获得知识的过程，爱好是学生不断健全自身人格的过程。幼儿在学习和掌握失去规则和知识技能中，其学习态度和学习能力的提升更加重要。在研究性学习中要强调知识技能的应用，要强调学生的探索实践活动体验。在对学生进行整体评价时，不能只从小组研究的最终结果进行，要从学生在小组中的参与程度以及起到的作用等方面进行评价。通过对学生的创业精神以及实践能力进行评价，可以更好地弥补学前教育专业中理论课程的不足。培养目标作为培养方案的核心，对培养内容的制定起着统摄的作用。学前教育也在不断发展过程中，高等院校学前教育专业的培养目标已经成为培养托幼机构一线教师，本科院校只有看到时代与社会对人才的需求，对学生实践评价方式进行提升的同时，对专业特性进行保证，将具备基本科研能力和计算机应用能力纳入学前教育体系中，对学生的专业化发展更好地指导，以促进学前教育人才目标的更好实现。

研究性学习评价关注的不仅是研究成果和学术水平，还有学习内容的丰富性和研究方法的多样性。本科院校毕业论文设计要求学生要学会综合运用多学科知识与学前教育中专业相关的理论实践问题，以科学严谨的态度，对不同环节独立思考，解决问题，将所学理论只是渗透到学科间，可以有效提升学生的科学研究能力和创新意识。通过学生收集和归纳以及反馈信心的能力评价，可以更好地了解学生的专业掌握情况。在幼儿园实践管理中会遇到各种问题，需要对相关内容进行调研，形成报告论文等。例如，幼儿园的日常事务管理、学前教育社会需求调查研究等。学生小组要根据小组中成员的共同兴趣进行选择，使研究能够取得一定的成果。在教学指导上，教师要能够根据学生的智能特点因材施教，更好地促进学生能力互补。想要多样性的促进学生发展，就要以多种评价方式衡量学生，从而才可以发挥研究性实践的作用。实践教学的宗旨在于培养学生的实操能力和创新能力。学前教育专业实践课程主要通过课程教学、幼儿园实践、技能训练预计科研训练等。在评价过程中可以对学生相关实践内容中入手。

五、实践计划安排与内容

（一）实践计划安排

第一周到第二周主要是进行专业见习，如何向教师学习其积累的教学活动经验。在此阶段中，学生要认真学习幼儿园体操和一日活动安排项目；要熟知不同幼儿的名字，协助教师开展教学事务等。同时，也要协助保育老师开展保育工作。在参与小组教研活动中，要收集相关论文素材。在第三周到第六周，要开展领域活动的教学和实践，要积极与教师交流活动设计的方法。在教学活动设计基础上，根据自身的能力水平不断修正活动设计方案，并开始尝试独自设计集体教学活动。在活动结束后,请幼儿园教师帮忙评课,指出活动中的不足并加以改正。为更好地提升自身的专业认知,要积极参与到教学活动中,并对其他班级活动观摩学习,并积极协助保育老师开展工作。到最后阶段,要进行单独的专业实践活动,在指导教师帮助下,自主进行实践活动。在活动前,先与教师交流活动设计的想法,请教师积极点评。将学校所学到的理论知识应用到幼儿园实践活动中检验,可以促进学生自身更好地理解学前教育理论知识,使学生在实践中不断发现问题、解决问题。在全面理解幼儿园实际的情况下,将理论知识与实践有效结合,可以为学生今后的工作学习积累经验。这是本科院校学前教育学生必修的过程,也是提升本科院校学前教育专业素养能力和科研能力的主要方式。在课程实践开展中,本科院校要与幼儿园充分沟通,要制订课程计划,合理安排学生的课程实践。为帮助学生有效融入幼儿园实践中,教师在课程实践中要与学生不断沟通,根据不同学生在实践中产生的问题提出专业指导,从而更好地提升课程实践的实效性。在学生不同学习阶段,要选择不同层次和方式的课程实践模式,引导学生对应学习,从而积累更加全面的实践经验。为有效提升学生的实践质量,本科院校扩展机构合作范围,在与幼儿园合作的同时,也要与当地早教机构、托儿所等加强联系,为学生提供更多实习锻炼的机会;同时,也可以更加丰富学生的课程实践需求。

(二)实践计划内容

实践教学贯穿在本科整体教学活动中,课程渗透要求专业课程实践课时不得少于总课时的三成,并且由于学前教育中的操作实训内容较多,学生在院校总学习课时中,至少保证三分之一的实践都在实践参与中。实践的开展可以促进学生对幼儿园的管理运行以及对园所文化等有深入的了解。在对实践教学课程设置与安排中,要将基础性实践课程中思想政治理论社会实践课程以及教育见习等内容划分2周左右的时间开展。全实践课程安排中,每周都要有对应课程。学生通过对幼儿园教育环境进行考察,对幼儿园课程与教学和实践进行观摩,能够更加熟悉幼儿园日常工作。通过与幼儿近距离接触,可以更加深入地了解幼儿的身心发展特点。学生将所学基本理论和专业技能综合运用到教学和实践中,可以深入研究促进幼儿身心健康发展的方式。为更好地提升学生的实践能力,在提升性实践必修课程中,要将幼儿专业技能考核与教育实习等内容对应增加实践,并将对学生完成度进行学分记录。在实践期间,严格按照计划和安排进行实践,按照院内教师管理积极参与幼儿活动，协助教师进行幼儿活动，可以更好地提升自身的专业能力。在组织教学活动中，与幼儿园教师不断交流，获取更多经验，在具体实施教学活动中维持好秩序，能够做到独立带班。在创新性实践要求中，要对科研训练项目和创新创业教育中，设置对应的学分要求，使学生可以在选修中按照自身的特长和兴趣，选择适合自己实践的创新性项目内容。根据实践计划学生逐步完善，可以熟悉了解幼儿园的工作环境和内容，能够对幼儿园一日工作主要内容有具体的了解，可以更好地形成独立组织幼儿园教学和生活活动的能力。

（三）主要实践内容

1. 课程实践

课程和实践主要由三大模块构成：以操作为主的基本技能类课程（音乐、舞蹈、体育、口语等），强调知识与实践并用的教育类课程（学前教育学、学前各领域教学与活动设计等），以实验性知识与技能为主的课程（学前儿童保育学、儿童发展认知神经科学等）。在对各模块课程设置中，都要注重实效性和设计性，从而促进课程和实践发挥能力培养的作用。为贯彻保教结合的原则，学生在课程实践中要学会观察幼儿的身体状况，能够承担幼儿园全天工作保育内容。在照顾幼儿生活中，可以按照幼儿园的作息实践引导幼儿养成良好的生活卫生习惯。在环境布置中，可以根据幼儿的身心发展需要以及教育活动的进程布置，让幼儿积极参与，在环境互动中学习，可以更好地提升幼儿的学习效果。为更好地做好幼儿家长做好沟通，汇报好幼儿在幼儿园的各种情况，学生可以在班级教师引导下，家长园地建设以及家园练习的方式进行。学前教育主要是由家长和幼师利用多样性的方法科学地对幼儿的大脑进行刺激，从而使大脑各部位逐渐完善的教育方式。学前教育是构成学前教育科学体系的一部分，适当正确的学前教育不仅可以促进幼儿智力更好地发展，还可以引导育儿形成良好的生活习惯和思想品质。学生在课程实践中，将自身所学理论知识有效应用，根据幼儿的阶段开展不同内容的实践锻炼，可以促进自身专业能力更好地提升，能够在各类实际场景中，对理论知识有更深入的认识。学生在课程和实践中能够对幼儿园的教研模式有具体的了解，可以认识到幼儿园开展教育工作需要应用的理论知识内容。

2. 教育见习和实习

幼儿园教育见习实践能够促进学生将专业知识和专业思想更好地融合，学生在不断开展幼儿保障护理中，会协助保教人员做好基本卫生防护工作。在教学中会参与到活动主义的设计以及教具准备环节。学生在跟随导师进行班级管理中，要熟悉幼儿的基本情况和成长记录，能够家长沟通技巧。教育见习与实习过程不仅可以锻炼学生的动手能力，还可以促进学生情感与理论共同成长。重点见习内容具体有：了解幼儿园的基本情况，听取园长介绍幼儿园的全面概况。听取指导教师介绍各班幼儿情况、教师工作计划、班级教学情况，使实习生明确实习期间的任务；参加幼儿园教学工作的各个基本环节（备课、上课、游戏、日常工作管理、教具制作、环境创设等），从中学习了解学前教育教学的基本特点与规律，认真做好听课笔记和观察记录；主动与家长联系沟通，共同完成对幼儿的教育任务。协助幼儿园，做好环境布置、大型活动的准备及其他工作。在集体教育活动中，要求学生组织幼儿园各类教学活动，能够对幼儿游戏过程进行观察、针对幼儿的不同表现做好沟通，引导幼儿完成预定的教学任务。在区域活动中，学生要认真记录班级活动设置情况，要重点对材料投放情况以及幼儿的活动情况进行点评。在不同区域开展活动时，学生可以根据幼儿特点划分小组进行指导，使不同幼儿都可以积极参与。在个别教育活动中，能够根据幼儿的身心特点实施个别教育，在实习记录或者论文中，可以将自己开展个别教育的过程效果进行具体阐述。在特色教育中，学生要积极了解幼儿园的特色课程和开发依据，能够在特色课程基础上进行课程组织规划。学前教育专业见习与实习是本科院校学生的重要综合性课程，其可以直接影响学生的应聘就业情况，对学院的教学质量和学习效益都有很大的关联。实践不仅是专业知识和专业技能的融合，也是学生整体素养的反应，将其列入专业教学计划中，能够更好地对学生的学习状况进行评价。专业实践内容主要包括对幼儿园课程与实践观摩，从幼儿教学实习等不同环节，可以进一步了解到不同年龄段幼儿的身心发展特点。

3. 教育调查研究

教育调查研究是培养和考查学生能力的重要手段，对幼教人才的培养有重要作用。教育调查研究课题内容十分广泛，学生通过对幼儿发展现状以及幼儿园特色个案研究，能够更好地提升专业能力和科研能力。本科院校学前教育专业人才培养方案是以培养应用型学前教育人才为主要目标的。培养规格中要求学生要热爱幼教事业，能够树立正确的人生观和价值观，具有良好的社会公德和教师职业道德。在掌握学前文化基础和技能中，要具有一定的分析、解决问题的能力。具有一定英语专业知识，具有幼儿双语教育能力。在掌握教育科学技术知识中，可以了解幼儿园教育教学的基本规律,并具有健康的体魄和优秀的品质,具有很强的自我管理和适应能力。在对学前教育专业进行调查研究时,学生要根据学前教育专业发展现状,不断调整专业设置和专业结构。本科院校在建立行业人才需求调研机制时,要对岗位知识和素质变化要求不断分析,确定好自身院校专业人才职业岗位标准。在教育调查研究中,可以使用问卷调查和行业访谈方式对幼儿园的人才需求进行调查,然后根据幼儿园的教师任教情况以及行业对学前教育人才的需求进行研究。在对行业一线人员进行调查时,要将职业道德和职业核心能力等进行调查,要突出幼儿园教师的责任心和职业道德素养。针对目前毕业生的不足方面,提出具体的整改方案。反思能力在学前教育人才培养方案中有重要的影响,幼儿教师在教学中不断反思教学过程,对教学内容总结,可以不断提升自身的专业能力。本科院校在教学方案中,想要更好地提升学生的反思能力,可以使用教师示范的方式开展。教育教学理论内容可以辅助学生教学过程更好地开展,在对教育心理学以及中教法课程实施中,要让师范生不断练习,从而做好幼儿教师的准备。

4. 师范技能训练

师范技能可以直接影响实践效能,学生只有在不断训练实践中,积累丰富的实践经验,才可以在学前教育行业中有良好的发展。学前教育专业内容广泛,在开展专业理论课程中,要有意识地培养学生的相关技能。示范技能训练课程内容包括幼儿园幼儿特点设计以及教育活动技能实施、幼儿园资源创设教育环境技能培养等。其中语言技能和教育活动技能等氛围不同等级,将这些技能培养都纳入到师范技能训练中,可以促进学生形成更好的专业技能。教育见实习是师范院校教学计划的重要组成部分,也是培养合格幼儿园教师的重要环节。根据师范院校有关规定和院校实际情况,制订教育见实习计划。例如,使学生把所学的专业理论知识和技能综合运用于幼儿园教育和教学实践中。培养学生热爱本专业,献身于幼教事业的专业思想;通过接触幼儿,使学生深入了解幼儿的身心发展特点及规律,形成正确的儿童观和教育观,增强对幼儿以及幼教事业的热爱之情;通过教育实习,使学生深入研究学前教育教学规律,学习幼儿教师在幼儿园的教育教学和管理工作等各方面的经验,能独立组织教育教学活动,独立带班,提高幼教实际工作能力;让学生了解幼儿园一日生活常规,协助指导教师做好班级教育环境创设、区域活动组织、家园联系工作等。学生示范技能训练效果通常是由教学技能比赛的形式检验的，通过不同教学技能比赛形式筛选出优秀达标的学生。幼儿教师是学前教育的主要引导者，幼儿园教师想要很好地完成教学任务，提升教学质量，就要从学前教育专业师范生的理论教学和心理素养等方面进行探讨。为更好地提升学前教育专业学生的专业素养，需要从学前教育专业课程工作入手，也可以从幼儿智力体力发展培养以及良好思想品德素质形成等方面进行。幼师在对幼儿教学中，由于幼儿的理解能力和生活经验有限，需要使用肢体动作配合语言向幼儿讲解。因此学前教育专业的学生语言表达能力必须要达到规范性和艺术性的标准。本科院校在是对学生语言表达能力培养中，要注重学生的自我锻炼。学生专业技能的熟练程度对其今后幼教工作的开展有重要的影响，将所学基本理论和专业知识技能从何运用到教育教学实践中，学生可以研究思考幼儿身健康发展的正确引导方式，能够更好地促进自身形成幼儿园教育保育工作能力。

5. 社会实践

社会实践包括社会调查和社会服务等，主要以社会青年志愿者活动、参观调研的活动方式开展。学生通过支教活动、采风活动可以对社会有深入的认识，能够扩大幼教实践平台范围。本科院校可以学生记录的方式引导学生在不同项目活动中增强综合实践能力。在社会实践中，要将思政教育以及创新创业能力培养贯穿到社会实践整体过程中。社会实践的目的是促进学前教育专业学生了解幼儿园教育教学工作的热点，培养其教育教学工作的初步能力。在社会实践中，学生通过观察各个年龄段幼儿的活动情况，可以对幼儿工作性质更加理解。在不断观察幼儿园教师组织教学活动职能，可以对其角色的作用和幼教工作开展必备条件有深入的认识。学生通过了解学前教育素质和能力要求，能够对自身专业特点和专业方向有基本的认识，从而形成实践报告，结合实践内容发表自己的感受。在社会实践开展中，学生逐步完成各项任务要求，能够更好地定位自身的专业发展方向。在实践过程中，通过帮助幼儿园做一些力所能及的事情，观察幼儿园课程教学活动，能够对幼儿园的教学模式形成一定的认知。社会实践是引导学生走进社会。接触社会的主要形式，是增强其思想认知和道德情感的重要基础。在实践中将学校学到的知识应用到幼教实际工作中，能够更好地提升学生的专业能力。

第六节 整体性教育实践

一、整体性教育实践概述

教育实践是由实践目的和实践对象等多个要素组成的有机系统，各要素之间根据实践规律和变化情况有所调整。在其动态过程形成中，如果教师只注重实践方式，缺乏对时间整体的考量，会使学生不能将实践内部各因素有效联系。整体性实践是相对于零散性实践而言的，教育实践的研究途径应该是总体性的，虽然也是渐进的过程，但也可以整体把握。整体性实践与序列性实践和随机性实践相比，更加注重细节和程度，采用整体性实践可以使教师实践教学更加全面。整体性实践是一种科学的思维方式，实践的出发点是整体效益。学校本身就是一个整体，是由各部分组成的。在科学实践中，可以通过预测实践发展变化规律，实现实践系统功能的创新，从而达到最佳教育效果。在系统论方法指导下，针对幼儿教育系统不同问题，立足于成长规律，以培养多彩儿童为目标，提出幼教大教育观。本科院校要构建体系完整的学前教育课程，引导学生在学习学前教育的同时，构建自身专业课程体系。在开发立体化生命教育课程资源中，也要不断健全学前教育事件机制，从幼儿园实践管理和各维度推进，引导学生在各种幼教情境体验中，将各项理论知识内容相融合。学生在整体性的实践中，严格按照计划和安排进行实践，并积极与幼儿园教师积极交流活动设计和开展方式，通过不断调整完善，更好地提升自身的专业能力。

二、整体教育实践的特征

从整体角度出发，打破主体和课题之间的对立关系，将真实的实体理解成主体。为使教育实践主体和客体之间可以生成转化，要将思维方式和行动方式在整体中不断互动。思维方式能够决定行动方式，想要认识机制对实践的指导意义，就要用哲学角度对教育实践进行全面的了解。在学前教育整体实践中，通过深化教学互动方式，充分利用各种与学习相关的教学要素，调节好师生之间的内在相互关系，能够促进学生更加积极主动的学习。在教学改革不断深入的背景下，人们将教学改革的重点放在教学模式和实践结合中，从而引导教师更新教学方法、提升教学质量。目前学前教育实践课堂中存在很多问题，以教为主的教学模式仍然存在，不利于学生主体地位的落实。在多维互动教学模式中，要将教学活动看成教师与学生多层次交互活动的过程。通过不断深化教学互动方式，充分利用与学习相关的教学要素，调节不同要素之间的相互关系，能够促进学生更加积极的形成多角度的教学结构形式。教学与学生作为教学参与者，在教育教学情境中，通过教学信息传播发生影响。不管是教师与学生的互动还是学生之间的互动，都是一种特殊的社会互动。教学互动的范围面较广，教师与学生群体之间的互动是教学过程的主要形式，学生个体与教师互动，学生群体与学生个体或者教师互动，都可以呈现出不同的学习效果。教学互动本身是教师与学生之间互相依赖的社会关系，能够对环境产生一定影响。在教学互动中，学生需要进行信息交流，从而产生相互信任并有利于师生关系的提升。整体性实践是示范院校教学计划的重要部分，也是培养合格幼儿园教师的重要方式。根据本科院校相关规定和实际情况，制订出整体性实践计划，不断增强实践过程的互动性，促进学生可以在见习和实习中与教师、幼儿做好互动，可以更好地激发其综合能力的提升。学生在深入学前教育规律研究中，掌握幼儿教学和管理各方面的专业知识，逐渐在实习见习中形成独立组织教学活动的能力，能够更好地为今后的专业发展奠定基础。

三、整体性教育实践的优化

（一）树立整体和全局观念

整体性教育实践是从感性到理性逐渐能动的过程，从实践角度看，整体性教育实践是共同发展的。这种整体观念容易保卫事物发展的全貌，在实质上是反对极权主义的。缺乏自我的客体都不是整体性实验的内容，因此，在对整体进行优化时，要将整个系统整体互相联系。优化是系统整体呈现简单到复杂发展方向的总趋势。教师从处理问题时，要树立整体观念。整体性思维方式是从客观出发，通过客观类比寻求普遍性的。整体性实践并不是将系列单独提取，是从整体部分循环往复中逐渐形成。和谐教学是按照系统论的观点，在教学活动中将教学各要素和教学环境协调平衡的状态。本科院校学前教育专业学生通过掌握学前教育基本理论和技能，能够更好地掌握学前教育的方法，可以更好地形成幼教事业的思想。学前教育专业在引导学生实践学习中，要让学生学会审视分析当前幼儿教育中产生的问题，要注重学生自身学习能力和分析解决问题的提升。整体是与部分相对的，是由若干对象组成的，整体有不同的类型，在组成整体各部分之前有不同的联系状态。系统整体是整体的理想类型，具有的不同于各要素的质，大于其各部分的总和。幼儿教育无论是社会现象还是人类活动，都是一个整体。幼儿教育在开展中，通过充分协调多种资源进行教育，调动多方面的积极性，可以更好地发挥幼儿教育各因素的影响。在现实幼儿园教育实践中，幼儿教育的各种现象与幼儿教育各要素性质有很大的关联。不断提升幼儿教育系统观，可以促进学前教育体系教育成效提升。在学前教育整合中，将不同类型和性质事物组合，建立整合的核心，在强调幼儿教育整体观的同时，对幼儿教育各要素多样化整合。不同幼儿教育阶段对整合水平有不同的要求，在对教育阶段部分整合中，要求有所分化。幼儿通过综合性生活活动并学习各方面的知识，可以促进自身各方面更好地发展。因此，在学前教育中加强教育的整体性，符合幼儿学习的需求。幼儿教育整体观是对幼儿教育系统性的看法，如何促进学前教育整体性，就要具有整体的思想。幼儿生活各项活动对幼儿发展的重要价值，通过有机整合各项活动，努力提升各项活动的整体成效。幼儿园课程内容能够具体划分为不同领域，学生在整体实践中，通过对各领域内容进行有效整合，可以更好地发挥及教育效果。基于本科院校的实际情况，将现行的全实践教学实施管理提出更加完善的建议，在完善导师制管理机制中，合理调整实践比重，建立促进理论与实践相互渗透的实践工作机制，能够更好地强化学生主体的反思性意识。培养具有扎实专业理论基础和较强实践能力的幼教工作者，是学前教育专业工作开展的主要目标。在实施过程中充分体现实践理论渗透引导，不断增强递进整合的力度。从实践共同体作用主体的反思中进行知识环节，可以更好地实现课堂与幼教实践的对接。

（二）要以整体和递进的方式完成实践任务

教育实践是渐进的发展过程，具有不确定性和随机性，其发展过程是有一定规律的。理性的逻辑实践是概括性和普遍性的，教师能够从整体把握细节。和谐教学是在教学活动中，将教学过程要素和教学过程平衡的过程，能够将教学过程看作整体系统，从而促进学生更好地感知教学过程，提升学习效率。学前教育的整合要落实到具体课程实施中。课程综合是一个课程设计行为过程，在倡导课程综合中，要强调课程内容的有机联系，注重教育影响的整体性。从本科院校幼儿课程现状和条件出发，努力整合多种教育形式与方法，发挥教育因素的整体作用。

整体性及爱与符合幼儿身心发展规律，以整体与递进的方式引导学前教育专业学生实践学习，完成相关学习任务，可以更好地提升学前教育质量。在实践任务布置中，本科院校以幼儿园的实际工作为依据，运用教育学和心理学理论，保持开展教学时不会出现偏差。在使用分层教学模式中，要使用理论与实践一体化的教学理念，帮助学生获得更多实践经验。在实践教学中，本科院校学前教育教师要根据学生实际学习情况，将理论与实践有效衔接，引导学生不断找到实践开展的契合点，从而保障理论知识更好地应用。采用分层递进教学模式可以根据学生的文化层次，对学生进行针对性培养。将理论学习与实践内容渗透，既符合学生的认知规律，能够对学前教育原理层层推进，也可以促进学生专业能力和素质的不断提升。在教学中，通过实际场景创设，可以让学生有更好的专业体验，能够促进其在学习过程中更好的思考。根据理论知识向学生布置教学任务，促进学生对学前教育岗位有更加深入的认知。在开展学前教育专业教学中，让学生明白学前教育的原理，对原理只是有初步的了解。教师以任务的形式向学生布置任务，引导学生在岗位实习中，根据幼儿的实际发展状况将理论知识转化为自己的教育体系，可以更好地实现学生自我专业能力的提升。运用学前教育原理，学生根据将任务内容分析讨论，可以总结出现阶段学前教育工作开展的具体方式。为更好地验证学生自身的专业素质，就要将抽象理论和具体实践结合，实现有效对接，从而保证教学成果的有效性。

　　课程体系是帮助学前教育学生巩固基本功的主要方式，本科院校在对课程体系完善中，要满足专业实际的需求，在分层递进下，促进学生实践能力更好的发展。在实践过程中学生在分层递进下，会有所感悟，能够更好地理解学前教育的内涵。课程教学模式通过完成不同的实践任务，按照不同项目内容完成能力培养，和顶岗实习能够更好地体现递进式培养。本科院校学前教育课内教师讲述的都是针对实践结果进行的，能够体现出课程的实践性特点。在处理理论教学与和实践教学关系中，要做到灵活化，不能将系统化的知识直接灌输给学生，要在理论课程中，引导学生到真实岗位中实际感受参与，从而更好地提升课程教学效果。不同学前教育实践项目都是由简单到复杂展现的，将递进式的教学模式从单一到综合开展，可以更好地引导学生职业能力的培养。全实践开展的目的是促进幼儿园教师形成实践能力，在实践过程中，可以始终立足于真实的教育情境中，不断反思幼教过程中的问题，从而更好地提升积累实践经验。

（三）要避免偏见和不准确的判断

本科型实践需要教师有本人意识，要对教育实践认识有全面性。教师的实践行为不受任何条件的限制，为避免偏见评价，教师要顺应新时代，对教育整体把握运用。依据现代系统理论观点，将教育实践多个练习，将作用因素不断生成有机系统。从整体全局的观点完成实践任务，能够更好地实现教育实践整体优化。在课程体系构建过程中，要重视评估体系的改革，对学生培养时，要注重评价的开放性。在学前教育观念建立中，要为学生提供多元化培养，要根据学生的设计情况结合社会对学前教育的实际需求，打造有自身特色的培养方案。在学生个性化培养中，注重因材施教原则，在实现分层培养中，让不同个性的学生不断提升基础专业能力，从而使学前教育课程体系朝着科学的方向发展。在本科院校课程体系构建中，注重学生的实际情况，让学生以岗位能力导向开展实践活动，可以培养出更多优秀的学前教育人才。

在学前教育中，专业教师对学生的评价内容对学生专业能力的形成有重要的影响。准确的评价可以促进学生学前教育责任使思想观念更好地形成。反偏见课程内容包括不同主题，反偏见课程的实施包括教学设计和教学活动不同方面，反偏见课程对学前教育课程改革有重要的启示意义。

人才培养目标评估最终落实到毕业生的社会贡献度和成就上，本科院校学前教育专业人才培养目标的评价从学校到社会，层层递进到全程考察人才培养目标中。传统的人才培养目标评价模式已经不能满足时代的要求，建立多元化的评价体系对深化对学前教育专业教学改革有重要的影响。本科院校学前教育专业要不断扩宽学习渠道，加大专业规模建设，不断满足学前教育事业发展对幼儿教师的需求。

针对学前教育发展滞后的问题，将更多适应现代学前教育改革发展需要的内容渗入，从而更好地掌握学前教育的基本规律。学生在不断实践学习中，通过熟练幼儿园工作规程和教育制度，了解学前基于理论发展动态，能够更好地为自身专业发展做好规划。学生在整体实践中，了解教育基本理论政策方针，掌握从事学前教育工作必备的教育技能，有效的利用理论分析解决学前教育教学活动，提升组织能力，可以更好地奠定专业基础。在本科教育实践经验基础上，以全时间取向为核心进行系统定位、统筹安排，引导学生从进校后开始全实践教学体系，可在学中练，在幼儿园实际活动参与中，实现理论教学与实践训练的高度且能够更好地提升学生个体主观能动性。目前对反思性实践教学理论构架逐渐清晰。在平台建设中搭建相对完善的标准体系，在教学模式制度建设中形成量好的全实践文化氛围，在实践中不断完善，可以从机制中做出更多探索。

第六章 总结

在完善本科院校学前教育专业人才质量培养方案中,要实现培养方案应有的价值,本科院校要在国家教育部门的支持下,严格执行相关指导文件,设定好学前教育本科生培养方案的核心主体。教育部门定期对本科院校学前教育学习质量进行评估,可以更有效地审核评价。本科院校要根据国家相关教育政策及时更新培养方案,从而更好地满足社会对学前教育人才的需求。在自身发展基础上不断完善学前教育人才培养方案,能够培养出更多优秀的学前教育人才。本科院校作为培养方案制定的主体,在培养方案基础上,对学前教育人才结构和培养层次进行划分,将培养目标及课程设置的内容进行专业特性联系,能够更好地满足我国教育对人才基本素养的要求。按照教育部颁布的合格幼儿园教师专业素质基本要求,本科院校在加强学前教育专业建设中,要完善幼儿教师培养方案,科学设置教师教育课程,不断改革教学方式,充分发挥国家相关教学规定的引导作用。培养目标以及其规格是培养方案的核心,对培养方案的内容制定具有很大的引领作用。

本科院校在不断发展中,学前教育专业目标已经逐渐向高素质和专业化方向转变。在对幼儿园高素质教师培养中,要建设本科层次的教育专业目标,就要对专业特性有所保证。同时,也要坚持不同类型和性质的学校依据现实办学条件形成专业特色。目前学前教育事业的发展逐渐受到社会的广泛关注,国家对教师专业性教育发展强烈呼吁,构建稳定的高素质优势队伍已经成为提升学前教育质量的重要方式。在幼儿园教师专业化发展下,本科院校学前教育专业学生会成为幼教行业的主要力量。本科院校在构建学前教育专业人才内部质量保障体系中,不断对目前已有的培养方案调查分析,将已有的特点和问题不断分析,制定出具有更强引导性的方案,将本科生培养方案中的不合理情况逐渐解决,能够持续发展壮大我国学前教育事业。虽然在学前教育专业研究中还存在很多不足,但通过院校不断努力,将更多优秀院校的学前教育人才培养方案学习应用,能够建立更加完善的学前教育人才培养方案。

参考文献

[1] 蔡军. 全纳教育视域下高校学前教育专业教学创新：评《高校学前教育专业教学与人才培养模式探索与实践》[J]. 中国高校科技，2022(9):103.

[2] 季建萍. 成人高校学前教育专业人才培养范式探析：基于具身认知理论的视角 [J]. 中国成人教育，2022(6):31-34.

[3] 周艳芳，尤敏. 基于普惠性发展的高校学前教育专业人才培养新思路 [J]. 宁波教育学院学报，2021，23(5):1-6.

[4] 李倩，熊丽娟. 高校学前教育专业"园校合作"人才培养模式探究 [J]. 教育观察，2021，10(16):107-110.

[5] 王海霞，张红霞. 京津冀高校学前教育本科专业人才培养方案比较研究 [J]. 产业与科技论坛，2021，20(7):102-103.

[6] 吴成龙. 基于应用型人才培养的高校学前教育专业校外实践教育基地建设的实践与改进 [J]. 湖北开放职业学院学报，2021，34(5):42-44.

[7] 赵慧君，赵星. 中职—高校衔接学前教育人才培养问题和解决对策 [J]. 宁波教育学院学报，2020，22(4):121-125.

[8] 郑爱民. 高校学前教育专业"校—园"合作人才培养模式研究 [J]. 黄冈师范学院学报，2020，40(2):77-81.

[9] 敖敦. 学前教育专业课程的教学现状及策略分析研究 [J]. 黑龙江教师发展学院学报，2020，39(1):54-56.

[10] 张海玲. 云南省高校学前教育本科专业人才培养方案的比较研究 [J]. 现代教育科学，2018(9):36-43.

[11] 蒋冰清，Alan Howe. 现行本科高校学前教育专业人才培养模式的缺陷与优化策略 [J]. 湖南人文科技学院学报，2018，35(4):108-112.

[12] 杨华. 多样化第二课堂助力高校人才培养：以学前教育专业为例 [J]. 家教世界，2018(9):47-49.

[13] 夏道明，马丽娟，王曲云. 韩国三所高校人才培养的启示：以学前教育

人才培养为例[J].黑河学院学报，2018，9(1):16-17.

[14] 赵红霞，张保明.学前教育本科专业人才培养学生满意度实证研究：以某地方本科高校S学院为例[J].荆楚学刊，2017，18(6):60-64.

[15] 刘妍.高校应用技术型学前教育职业技能培养初探：基于"一能三有"应用型人才培养定位的思考[J].新疆职业教育研究，2017，8(4):22-23+27.

[16] 张世义.高校学前教育专业本科人才培养中的利益相关者分类与特点[J].教师教育研究，2015，27(3):63-70.

[17] 曹鹤.高校学前教育专业本科人才培养模式研究[D].沈阳师范大学，2015.

[18] 韩伏彬.应用型高级专门人才培养目标与规格探究：基于国内外高校学前教育本科专业的比较视角[J].教育与教学研究，2014，28(11):113-117.

[19] 张世义.利益相关者理论视角下的高校学前教育专业本科人才培养研究[D].南京师范大学，2014.

[20] 林运清.女子高校学前教育人才培养模式刍议[J].新课程学习(下)，2013(8):10-11.